NUEVE PODERES PARA

TRANSFORMAR TU VIDA

Nueve Poderes Para Transformar Tu Vida

Nicolás Nóbile

Copyright © por Nicolás Nóbile, 2008
http://www.alquimia9.com

Este libro no podrá ser reproducido, ni total ni parcialmente, sin el previo permiso escrito del autor. Todos los derechos reservados.

Diseño de la cubierta: Ramiro Cazaux, www.ramirocx.com

ISBN: 978-0-6152-4405-1

Impreso en U.S.A

Para Wayne W. Dyer.

Gracias por inspirarme a explorar mis talentos,

y a expresar mi música interior al mundo.

ÍNDICE

Prólogo v

Introducción vii

Capítulo 1: El Poder de la Decisión 9

Capítulo 2: El Poder del Perdón 17

Capítulo 3: El Poder de la Intención 37

Capítulo 4: El Poder del Propósito 51

Capítulo 5: El Poder de la Gratitud 67

Capítulo 6: El Poder de la Voluntad 77

Capítulo 7: El Poder de la Pasión 89

Capítulo 8: El Poder de la Belleza 97

Capítulo 9: El Poder del Amor 105

Epílogo 115

Referencias 131

Nueve Poderes para Transformar Tu Vida

AGRADECIMIENTOS

Quisiera agradecer a mis compañeros espirituales, a mis almas gemelas, quienes son la fuente divina de orientación, en la cual este libro se inspiró desde un principio. A mis maestros, que me han enseñado disciplina, amor incondicional y me han recordado, siempre, que no existe nada que no pueda alcanzar.

Hay muchas personas que me han recordado la lección más grande de todas: amar. Arielle Nóbile, un alma gemela que me ha alentado a seguir escribiendo y a desarrollar mi poder del propósito. Sin tu apoyo este libro no habría sido posible. Mi eterno agradecimiento a tu maravilloso corazón. Te amo.

A mis amigos, que me recuerdan todo el tiempo, que no existe distancia que pueda interferir con nuestros deseos de disfrutar de nuestras aventuras: Ramiro Cazaux, Evelina Morales, Cristian Núñez, Juan Manuel Ríos, Joris Prikken, Steve Gehring, Gabriel Sánchez, Carlos Omar Schargorodsky (Popey), David González, Leónidas Paganini, Eduardo García, José Garciarena, Lucas Fornasari, Evangelina y Emiliano Murillo, Guillermo Cedrés (Toto), Maria Inés Salzman, Bety Solíz, Elisa Terragno, Iván Gómez, Catherine Cruz, Dalina Vainstein, Gladys Strasser, Clara y Sofía Gutiérrez, Soledad Navarro, Fabiola Dus De Zan y Noelia Gauna.

Quisiera extender mi profundo agradecimiento a Romina

Boch, quien tradujo este libro, escrito mitad en inglés y mitad en castellano y quien me inspiró a ser un escritor-alquimista.

Gracias, Kelly Connolly y Arielle Nóbile por sus contribuciones y paciencia hacia mi proceso de redacción en inglés.

Quiero también expresar mi profundo aprecio a mi familia biológica: a mi hermano Germán que me ayudó a desarrollar mi poder del propósito, invitándome y ayudándome a comenzar mi nueva vida en Chicago, USA; a mi hermano Freddy, quien me alentó a trabajar desde muy temprana edad y me ayudó a alcanzar algunas de mis metas. A mis padres: Angel y Marta, que me enseñaron la importancia de ser independiente.

Hay muchas almas que compartieron maravillosas contribuciones conmigo; algunas de ellas ya no están en este estadio de vida, con otras he perdido contacto por distintos motivos pero las conservo en mi corazón y quiero expresar mi gratitud hacia sus preciosos espíritus. Sé que volveremos a encontrarnos en algún momento: Bety Solíz, Ignacio Conde, Giselle Ruiz, Julie Rihani, Darío Valli, Milca Neuwirt, Helmut Schuster, Grissel Colmenares, Mariana Lemiña, Emanuel Dezorzi, Marta Inés Olaechea, Natalia Derudi, Víctor Acosta y Veronica Ferrando, Claudia Bacarat, Silvana Bereciartu, Leticia Doorman, Facundo Balerdi, Marito y Mariano Retamar, Darío y Sabrina Níssero, Carin Dhaouadi, Gabriel Muñoz, Florencia y Aníbal Krasser, Hernán Isasi, Carla Melo, Cristian Giraldez, Martín Jurado, Gustavo García (Samurai), Teresita Názer, Víctor Peruzzo, Waldemar Heiler, Julio Vidal, Analía Laborde, Rachel Reichlin, Eduardo Catán, Dharma

Agradecimientos

Oriach, Lillian Lovas, Victoria y Bibiana Ferrea, Lorenzo Tello, Mariano Olivera, Mario Santoscoy, Iliana Pisarro, Jon Stoper, William Basalo, Ardvind Yadav, Rosanna y Rosaura De La Rosa, Ladislao Masztalerz, Federico Peter, Mariví Vignola, y Freddy Borrajo.

Deseo expresar mi verdadero agradeciemiento hacia algunos de mis maravillosos maestros: Adrian Fratantoni, Claudia Piquet, Norma Beatriz Solíz, Accem Scott, Carol Bridges, Alan Uretz, Gustavo Stiepovich, y Cristina Chiriguini.

Quisiera expresar mi profundo afecto y gratitud hacia muchas almas que me han bendecido con los poderes que describo en este libro: sin ellas este libro no sería posible. Personas que compartieron los propósitos de sus espíritus conmigo y que me alentaron a confiar en mi guía interna y seguir los deseos de mi corazón: Iván Gómez, Delfina Larrivey, Florencia Garciarena, y Sabrina Spiazzi.

Quiero reconocer mi agradecimiento hacia la gente de Chicago y Los Angeles, y Argentina que han sido de mucha ayuda para la realización de este libro: Julia Marcos, Arielle Nóbile, Ruthann Gagnon, Ramiro Cazaux, Kelly Connolly, Mario Fischer y Gustavo Rivas.

Por último, quisiera reconocer a mis alumnos, cuya privacidad respeto, quienes me enseñaron lo que más necesitaba aprender; sin sus aportes yo no podría seguir puliendo mis capacidades.

Gracias, Dios.

Prologo

El propósito de este libro es brindarte el significado trascendental de tu guía interior. Tiene la intención de ayudarte a descubrir tu máximo potencial para manifestar todo lo que consideras ausente en tu vida. La necesidad de transformación depende de la calidad de tus sentimientos. Si piensas que algo falta en tu vida, este libro puede ayudarte a transformar tu realidad.

Descubrirás a lo largo de los siguientes capítulos cómo utilizar tus poderes para vibrar de acuerdo con la felicidad y la armonía que buscas.

¿Te atreves a descubrir tu maravilloso potencial? ¿A experimentar el mágico mundo de las posibilidades infinitas?

Aquí tienes la oportunidad; es por eso que tienes este libro en tus manos, para animarte a explorar el significado de tu aventura aquí en la Tierra, para inspirarte a develar tu propósito y avanzar con autodeterminación en el camino hacia tus metas.

Cada paso que has dado hasta hoy, ha creado el camino que te ha guiado hasta este momento de introspección, donde necesitabas estar para descubrir tu potencial divino. Todo lo que estás experimentando es exactamente lo que has manifestado con tu poder de co-creación. En este momento, mientras lees estas líneas, algo especial está sucediendo dentro de ti. Comienzas a atraer una fuerza innata para expresar la integridad de tu ser, invitando así las oportunidades que se presentarán en tu experiencia, revelándote aquello que necesitas saber para disfrutar de tus talentos. Estas oportunidades son las que te darán las experiencias que te mantendrán activo y en armonía con tu propósito. Si estás decidido a continuar avanzando hacia tus sueños, será suficiente con que sólo puedas vislumbrar los primeros metros hacia delante. Es en tu confianza en este magnífico Universo de posibilidades en donde encontrarás las oportunidades para dejar actuar tu poder de expresión. Por último, verás que puedes alcanzar tus metas, realizar tu propósito y confiar en tu propia guía interior para transformar tu vida, hoy y para siempre.

Eres más poderoso de lo que crees. Si cada vez que aprendes algo tomas conciencia de todo lo que aún tienes por descubrir, entonces la motivación y el entusiasmo entrarán en juego. Estarás adentrándote en los secretos más trascendentales de este Universo de infinitas posibilidades, en lugar de creer que ya sabes todo lo que necesitabas saber. Verás que no existen -ni han existido jamás- obstáculos sino oportunidades.

¡Aprovéchalas!

Nicolás Nóbile

Introducción

Revisando el pasado y las experiencias de mi vida pude ver el poder de atracción de mis emociones y pensamientos, que me llevaron a percibir una realidad indeseable. Sin embargo, una fuerza dentro de mí siempre sabía y me alertaba para recorrer el camino del amor. ¿Qué era esta fuerza? ¿De dónde provenía? El nexo entre mi nivel de percepción y la realidad, siempre me sorprendió. Las cosas no son jamás lo que parecen ser. ¿Por qué, estando llenos de talentos, sentimos tanto miedo?

Una voz interna siempre me llamó a un lugar donde los milagros son posibles, recordándome mis capacidades para vivir mi vida con propósito. ¿Es la voz de Dios? ¿Soy capaz de comunicarme con la Fuente Divina de la que todos provenimos? ¿Lo eres tú?

Con Nueve Poderes para Transformar tu Vida, mi intención es tocar tu alma con un mensaje de paz y compasión. Recordarte que puedes transformar tu vida con nueve poderes que ya posees e invitarte a que alientes a otros a que despierten los suyos.

Eres un ser poderoso. Has elegido recorrer el camino espiritual y, junto a ti, existen otros "ángeles", otros mensajeros, recorriendo, igual que tú, ese kilómetro extra.

Vivimos aquí y ahora. El pasado no puede llevarte a ninguna parte, sólo puede servirte de experiencia. De todos modos, puedes transmutar tus percepciones del pasado con la sabiduría de tu espíritu. La percepción deriva de las creencias y la sabiduría deriva de experimentar el conocimiento que ya posees, el de tus poderes interiores.

Fue en mi búsqueda de respuestas y en mi descubrimiento de la diferencia entre percepción y realidad, que esta historia que a continuación presentaré brevemente, me llevó a convertirme en maestro y autor inspiracional.

La Historia

Desde pequeño me interesé en temas como el desarrollo de la compasión, la práctica de la bondad desinteresada, el enriquecimiento espiritual, el despertar de la conciencia a través del conocimiento y su práctica para alcanzar la sabiduría.

No podía soportar ver animales maltratados, la agonía de la guerra, la difamación que siempre termina afectando a la víctima relacionada, la violencia indiscriminada, el racismo, los gobiernos corruptos y todo aquello que puede llevarnos a vivir en un infierno. Todo lo que nos separa, en lugar de unirnos, como hijos de una misma tierra.

Cuando dejé mi pequeña ciudad natal para mudarme a Buenos Aires y comenzar a estudiar medicina tuve una serie de ilusiones que me condicionaron en la importante transición de ambiente y sociedad. A esta experiencia se le sumaba mi ruptura con mi primera pareja, después de 3 años de relación, lo cual para mí en aquella etapa era una eternidad.

Buenos Aires era muy distinto. Me parecía demasiado grande e intimidante. La gente en general parecía vivir a un ritmo mucho más acelerado. El tránsito era caótico y el aire parecía más denso y envenenado de 'stress'.

En aquel tiempo, mi percepción estaba manipulada por miedos muy interrelacionados. Miedo al aislamiento, al cambio, a no tener los recursos económicos suficientes, a un nuevo estilo de vida que parecía ser estresante, miedo a no ser aceptado y miedo de sentir miedo. Recuerdo que mis ilusiones estaban basadas en otro tiempo, en otra dimensión. Como si estuviera anhelando vivir en algún otro período que coincidiera más con mi sistema de creencias, mis sentimientos y mis apreciaciones de lo que significaba vivir en este planeta.

Tenía el deseo de pasar a un estado espiritual más elevado, sin tener necesariamente que sufrir más. Con mis 18 años de edad y con tanto aún por descubrir, notaba que mi nivel de sensibilidad era demasiado agudo como para lograr alcanzar tan exigentes metas.

Todo me parecía distorsionarse. No podía ver más allá de mi miedo a no alcanzar aquello para lo que sabía que estaba allí: para servir a otros, para amar, para vivir una vida maravillosa y feliz, llena de inspiración. El dolor parecía más y más intenso, casi insoportable y era fácil para mí, escaparme de él invitando más drama a mi vida, que empeoraba con mis pensamientos suicidas. Había manifestado, con mi percepción de la situación, la perfecta imagen del infierno.

La depresión se convirtió en mi estado emocional cotidiano. Me negaba a aceptar mis maravillosos talentos porque sentía que los estaba desperdiciando en personas que no los valoraban.

Decidí dar un paseo para evitar llorar en el apartamento, como si pudiera encontrar respuestas en la calle. El caos del tránsito irritaba a los transeúntes, que parecían caminar a través de mí como si yo fuera un fantasma.

Sentía que cada una de mis pisadas pesaba toneladas. Me sentía un espíritu con el cuerpo saturado de una tristeza y una pesadez insoportable. Mis lágrimas corrían por mis mejillas pero nadie parecía notarlo, nadie me miraba a los ojos. Me estremecía saber que no había nadie esperándome, nadie a quien abrazar en aquel momento. En medio de ese existir todo era imposible.

Las imágenes de aquella hermosa tarde parecían esconder la luz del sol y el color del cielo se oscurecía, como esperando que una tormenta estallase. Todo a mi alrededor, incluyendo mis sensaciones, se mimetizaba con esa oscuridad. Me encontraba frente a la posible derrota en mi cobardía.

Me dirigí de regreso al apartamento, abrí la puerta y pocos segundos después estaba parado en mi balcón del quinto piso, listo para saltar.

El ahogo se amplificaba en mi pecho creando un vacío muy doloroso y las palpitaciones de mi corazón añadían más desesperación. Miré al cielo oscuro y pregunté: "¿Porqué me sucede esto a mí? Dios, no me importa si tengo que volver a nacer y enfrentar las mismas pruebas o dejar de existir, pero ya no quiero vivir así..."

En el momento en que estaba a punto de saltar, una fuerza dentro de mí me hizo detenerme, crucé una pierna del otro lado del barandal y sentí que esta fuerza afloraba, invocando a la esperanza... de pronto una voz muy lejana... ¿Era mi propio espíritu o la voz de Dios? Me pedía que me calmase por un segundo y regresara adentro, donde podría descansar y evitar cometer una tragedia... En ese momento sentí que algo milagroso estaba por ocurrir.

Noté la levedad de mi ser y pronto me encontré flotando en el aire, viendo a mi propio cuerpo listo a saltar al abismo. Mi visión había cambiado. Podía ver claramente la belleza de partículas de luz que conectaban cada diminuta porción de espacio en el que físicamente me encontraba. Una puerta inter-dimensional se abrió frente a mí, como si cada partícula, junto con el resto, originara una radiante luz blanco-dorada.

-¡Hola! Sentí mi Alma hablar sin palabras.

- ¿He muerto?

- No temas, soy tu Ángel. Estoy aquí para guiarte.

- pero estoy fuera de mi cuerpo, ¿estoy muerto?

- En tanto no me niegues, estarás vivo y antes de que preguntes por qué, deja fluir tus sentimientos, las ilusiones y por ende los sueños para saber dónde estás, qué haces, qué buscas y qué esperas. Pero debes dejar de lado el miedo a ti mismo, a lo que crees desconocido, a la ignorancia. Imagina el

Paraíso, sólo unos segundos...

Estas palabras hacían eco en mi alma y se asemejaban a un fragmento poético que había escrito años atrás. No podía entender lo que sucedía, ¿cómo podía él mencionar estas palabras que me sonaban tan conocidas?

Sólo estoy traduciendo tu conocimiento sin práctica...

En ese momento entendí que nuestra comunicación era energética. Pude ver hilos de luz a través de los cuales mi energía se fundía con esa poderosa luz, compartiendo brillantes rayos blancos y dorados.

Nuestros campos vibratorios mantuvieron una luminosa conexión donde había una clara transferencia de luz entre los dos. Eso era lo que permitía la comunicación.

-¿Qué quieres decir con "sin práctica"?

-La sabiduría llega con la práctica y te estoy recordando que te has rendido sin antes intentar utilizar tu verdadero potencial, tus maravillosos poderes.

Parecía que mi guía estuviera riendo con una compasión tan pura que sentía como si me estuviera abrazando el alma.

-Has utilizado uno de tus poderes hoy, por eso estoy aquí, para recordarte que tienes poderes. Con tu intención atravesaste la densidad de lo tangible y visible y abriste una puerta que tu llamas "inter-dimensional" por la que puedes comunicarte conmigo.

Olas de luz conectaban a este brillante ser con mi alma,

que lentamente aumentaba su frecuencia de vibración. Sentía como si estuviésemos abrazándonos pero no había nada material tocando mi cuerpo, sólo estos filamentos energéticos que se fundían con mi ser, flotando a pocos metros de mi cuerpo físico.

-¿Tú eres mi alma gemela?

-Tu mente ha optado por individualizar a tus contrapartes, sin embargo somos muchos seres, físicos y no físicos que estamos en comunión contigo en este maravilloso Universo.

-¿Y cómo los encuentro?

-Ocupándote de ser feliz, en tu capacidad de crear los puentes hacia el amor. La clave está en usar tus talentos. En establecer los lazos que te pongan al servicio del despertar de la conciencia, de inspirar a aquellos que necesitan retornar al amor que a todos nos une.

-¿Cómo puedo comenzar?

-Comienza eligiendo qué camino tomar, utilizando la magia de tu propósito...

-¿Pero cómo?

-Comienza escribiendo un libro sobre esta experiencia

-¡¿Un libro?!

-Estarás guiado siempre que mantengas tu ser íntegro, con tus emociones en armonía con tu propósito, para abrir las puertas a la inspiración.

-¿Entonces siempre estarán asistiéndome cuando lo

necesite?

-Así es.

-¿Pero cómo probaré al mundo que esto realmente sucedió?

Interrumpiéndome con sabiduría me dijo:

-Primero abre tus ojos y regresa adentro. No hay nada que probar, sólo actúa desde tu potencial. Estaremos respondiendo siempre que te conectes con los poderes que sabes que están dormidos en ti, los poderes que cada ser humano posee...

De pronto noté que la ola de luz se disipaba, viendo a mi cuerpo débil, a punto de soltar la baranda. Regresé rápidamente por el centro de mi pecho, sintiendo nuevamente mi cuerpo y recuperando mi campo visual. Sentí que mi conciencia se había expandido, me sentía triste aún pero de ninguna manera decidido a suicidarme. Un milagro había sucedido. Lentamente crucé mi pierna hacia el lado de adentro del barandal y regresé dentro del apartamento.

Las lágrimas comenzaron a correr por mis mejillas hasta que estallé en llanto y caí en la cama abrazándome, buscando dónde poder descansar. Mi llanto se prolongó por horas, hasta que me recuperé y afirmé mis intenciones con más claridad.

Una nueva etapa comenzaba, llena de aventuras y de inspiración. No tenía idea cómo embarcarme en este nuevo viaje de mi alma ni entendía lo que acababa de suceder. Un silencio indescriptible me llenaba de paz. Podía observar todo con otros ojos, me sentía más conectado con todo lo que había a mi alrededor. Volví a salir al balcón, esta vez para mirar el cielo, que para mi sorpresa estaba claro y las primeras estrellas ya estaban allí. Sabía perfectamente que estaría guiado por ciertos poderes que necesitaba despertar. Supe que el Universo me había bendecido con una verdad: todos somos uno, estamos unidos por nuestros propósitos y avanzamos, juntos, hacia su realización consciente.

Gracias, Guía Divina. Gracias, Universo. Gracias, Dios.

Capítulo 1

El Poder de la Decisión

"Una vez que tomamos una decisión, el Universo conspira para que lo que hemos decidido suceda."
Ralph Waldo Emerson

La práctica de ciertos hábitos y la resistencia al cambio claramente originan las circunstancias que has atraído a tu campo de oportunidades.

Aquí yace el secreto para abrir tus puertas interiores y utilizar tus poderes que llevas dentro. ¿Estás preparado?

~*~

Cambia tus hábitos y tu experiencia cotidiana cambiará también.
Hay sólo una cosa que debemos tener en cuenta: la Decisión.

~*~

No lograrás atraer aquello que en verdad deseas en un determinado momento si continúas haciendo las cosas que siempre has hecho.

Dios no escoge favoritos. El entendimiento de esto eliminará la creencia de *suerte* como una circunstancia aleatoria en la vida de las personas. Es la energía que proyectamos con nuestras mentes y nuestras emociones, lo que da forma a la realidad en este campo cósmico de infinitas posibilidades. Una vez que hayas decidido lo que en verdad deseas lograr y te lances a la acción, las fuerzas cósmicas te asistirán para que desenvuelvas tu potencial. Son tus elecciones y tus acciones las que determinarán tu factor "suerte". Tu espíritu se nutre de amor, todo aquello que no es amor sólo puede opacar tu mente. La buena noticia es que, una vez más, siempre puedes elegir estar mejor. Esa es la decisión que tienes el poder de tomar. Kahlil Gibran lo propuso de este modo: "Elegimos nuestras dichas y miserias mucho antes de experimentarlas."

Existe un camino hacia el éxito en cada una de nuestras empresas y está implícito en la responsabilidad de ser claros acerca de lo que deseamos experimentar. Tu éxito depende de tu voluntad de abrirte camino en la dirección de un objetivo específico y de decidir, siempre, hacer todo lo posible para lograrlo.

Este es un modo de trascender tus limitaciones, de estimular tus sentimientos hacia un estado de mayor auto-confianza y restaurar tu fuerza para mantenerte firme respecto de tu propósito de auto-realización. Sé honesto con los deseos de tu corazón y con tus talentos; así encontrarás felicidad divina.

El siguiente listado de preguntas tiene por objeto ayudarte a despertar tus poderes interiores y devolverte a tu estado natural de amor:

¿Qué cosas haces regularmente desde el momento en que despiertas?

¿Sigues un determinado patrón y orden en tus actividades cotidianas?

¿Cómo describirías tu rutina?

¿Cuál es el momento más productivo de tu jornada? ¿Por qué?

¿Quién es la persona a quien más admiras? ¿Por qué?

Las personas con quienes compartes tu vida, ¿te apoyan en tu necesidad de convertirte en el ser amoroso que en esencia eres, o de ser exitoso incluso si eso significa cambiar de empleo o mudarte a otro lugar o cambiar las actividades que has estado desarrollando con ellos?

¿Qué clase de actividades disfrutas más?

¿Cómo sería, para ti, un empleo perfecto? ¿Por qué?

¿Dispones de un momento para despejar tu mente y disfrutar el acto de respirar durante tu jornada?

¿Dispones de un momento para sentirte agradecido por tener las oportunidades de experimentar las posibilidades infinitas de este maravilloso Un*iverso*?

Hay algo fundamental que comprender en el trayecto hacia el despertar de tu poder interior y la transformación de tu vida:

Si no sientes amor por lo que haces desde el momento en que despiertas, lo que sea que esto sea, estás retrocediendo en el proceso de convertirte en quien en verdad eres.

Amando aquello que haces, sintiendo amor y gratitud por esta maravillosa vida que tienes es que estarás avanzando hacia la sagrada orientación. Sí, obtendrás las respuestas sólo porque has estado pidiéndolas con tus pensamientos y tu voluntad de cambiar y de transformar tu vida. Es a través de esto que comenzarás a abordar las elecciones de tu vida con convicción.

~*~

Descubrirás que sólo amando aquello que haces, estarás en perfecta armonía para atraer más cosas adorables a tu vida. Invitarás así las oportunidades de alcanzar tus metas. Debes sentir amor por lo que haces y tu propia determinación bendecirá tu corazón.

~*~

¿Estás listo ahora para avanzar con determinación hacia tu sentido de *misión*? ¿Para ser exitoso en todo lo que realmente deseas? ¿Para descubrir el maravilloso y divino Tú? ¿Estás listo para eliminar el resentimiento, para trascender tus propias limitaciones y vivir apasionadamente cada día como si fuera el último día de toda tu vida? ¿Te gustaría avanzar en la dirección de tus sueños con claridad, para transformar tu patrón de pensamiento y devenir en el alquimista de tu propia vida? ¿Te gustaría regresar a quien en verdad eres: un ser de amor que desea expandirse en este *Universo* que se encuentra siempre en expansión?

Despierta tu Poder de Decisión

Has atraído este libro a tu vida porque estás desarrollando tu capacidad de pedir. La Guía está reflejándose en ti. Confía en tu deseo, eres capaz de ser tan feliz como siempre has deseado. Puedes comenzar en donde estés, en este preciso instante. Trasciende todo tipo de excusas, porque las excusas provienen de tus miedos.

Tan sólo necesitas explorar las aspiraciones de tu corazón, tus objetivos espirituales, tu inclinación a hacer algo fuera de lo común. Sé honesto contigo mismo, sé claro con lo que deseas y luego disfruta del proceso de realización.

Confía en tus poderes y en la orientación divina que bendecirá tu corazón y tu mente con tu llamado. Eres maravilloso, compasivo y bello, eres celestial y poderoso, eres amor...

Disfruta tu aventura.

Ejercicio Espiritual 1

Explora las áreas de tu vida en que percibes una necesidad de transformación. Confía en tus reflexiones. Confía en tu guía interior, que bendecirá tu corazón brindándote la activación de tu poder de decisión. Ríndete a tus talentos, a tus intenciones de amor y así alcanzarás aquello que deseas. Contempla esta búsqueda interior de convicción.

Permanece en silencio por algunos minutos, alcanza el estado natural de paz que ningún pensamiento puede perturbar. Conéctate con tu poder de decisión e imagina la transformación de tu vida, sucediendo en ese momento.

Hoy, trasciende los hábitos improductivos que interfieren con la transformación que has soñado para ti. Cambia las pequeñas cosas que representan el combustible para cada viejo hábito e invita nuevos hábitos que estén en armonía con los deseos de tu corazón. Disfruta tu día. Nútrete haciendo las cosas que eleven tus vibraciones de bienestar.

Capítulo 2

El Poder del Perdón

"Perdonar es el valor de los valientes. Solamente aquel que es bastante fuerte para perdonar una ofensa, sabe amar."
Mahatma Gandhi

Una de mis maestros inspiracionales, Louise Hay, cree que el resentimiento es la causa de la mayoría de los problemas de salud y de la resistencia al cambio. Louise transformó su propia mente liberándose de su resentimiento y del dolor residual que experimentó luego de haber sido abusada sexualmente cuando niña. Con su libro y sencillo mantra que reza "Tú puedes sanar tu vida" nos ha inspirado a todos.

Posees, dentro de ti, el poder del perdón y no hay absolutamente nada que no puedas perdonar, porque el poder que existe en ti es mucho más grande que cualquier situación que pudo haberte dañado. Si hay alguien en tu vida hacia quien sientes rencor, cuanto más pronto liberes ese dolor no deseado, más fuerte crecerá tu poder de perdonar y más próspero y rico serás. Si, has leído bien. Cuanto más pronto perdones, más pronto te convertirás en alguien más saludable y feliz, en todo sentido. Debes creer que puedes, debes actuar desde quien en verdad eres, un ser lleno de amor y compasión. Deja que el poder de la sagrada guía te conduzca a un lugar en donde puedas sanar las heridas de tu corazón. Es en vano verter sal sobre una herida abierta y liberar veneno emocional extra que sólo contribuirá a causarte un dolor insoportable. Puedes sanar tus heridas cambiando el modo en que piensas acerca de ti mismo con respecto a aquellos con quienes has establecido una oportunidad de hacer un milagro. Cualquiera sea la situación por la que estés atravesando, tú puedes iluminar la oscuridad con el poder de tu perdón.

~*~

Tu capacidad de actuar desde el amor y el perdón bendecirá tu vivir y sin duda comenzará a sanar tu vida.

~*~

Puedes escoger retrasar este proceso poniendo excusas acerca de las razones por las que es difícil hacerlo. Si lo haces, recuerda que puedes transformar tus acciones con el poder de tu pensamiento. Tus pensamientos, si están basados en la culpa o en juicios negativos, son la respuesta de tus percepciones ante la realidad. Por otro lado, tu sabiduría no está basada en tus creencias, simplemente *es*, y sólo puede ser *verdadera* porque esta conectada con la divina esencia que hay en ti, tu espíritu, el cual en verdad conoces cuando eres naturalmente amoroso. ¿Cómo lo sabes? Lo sabes porque has practicado ser amoroso, y se siente grandioso, como un momento eterno en que sientes que Dios y tú están muy cerca uno de otro. ¿Puedes recordar aquellas ocasiones en que oíste a alguien decir: "¡Ay Dios! ¡Dios mío! ¡Ay Dios, Te amo...!" "Dios, esto se siente maravilloso..."? La mayoría de estas afirmaciones de sagrada comunión pueden tener relación con el acto sexual, que es, sin dudas, un modo de acceder a la cercanía divina entre dos almas. Un acto que puede co-crear, ¡concebir otro ser humano! Pero el alma no puede ser concebida porque ya Dios la ha creado a la perfección. Si aceptas esta creación te encuentras camino a respetar la esencia divina de cada persona que atraigas a tu experiencia cotidiana. Podrás alcanzar el poder del perdón fácilmente cuando reconozcas las limitaciones de tu percepción y corrijas tu modo de pensar.

En tu capacidad de vivir en el aquí y ahora es en donde te encontrarás en comunión con tu espíritu. De ese modo, podrás contemplar tu comportamiento prejuicioso como una trampa más de tu percepción y podrás, sin lugar a dudas, actuar de acuerdo a lo que consideras la más maravillosa respuesta que puedas elegir dar. Puedes elegir per-donar.[1]

Sófocles, el dramaturgo originario de la Grecia Antigua, quien vivió a comienzos del siglo 5 A.C. dijo:

"Una sola palabra nos libera del peso y del dolor en la vida. Esa palabra es Amor."

Una vez que el perdón ha tomado lugar, una sensación de alegría y paz bendice tu cuerpo permitiendo que esa excepcional respuesta sane cada célula dañada. ¡Es un proceso natural! No necesitas entender cómo tu cuerpo lo hace, simplemente confía en tu capacidad de amarte teniendo una actitud positiva y la compasión necesaria como para perdonar y liberarte. Practicando esto serás capaz de deshacerte de tu personalidad herida, también llamada "personalidad de víctima".

También puedes culpar a otros del estancamiento mental al que te hayas sometido. Sin embargo la culpa, de cualquier clase, sólo invita a la resistencia a entrar en tu vida y propaga más dolor en todo tu cuerpo físico y emocional. Si los sentimientos de culpabilidad se presentan, tienes la posibilidad de atraer el despertar a tu vida, utilizando tu fuerza de voluntad. Lo que se encuentra en juego aquí es tu voluntad. En primer lugar reconoce que puedes hacer algo acerca del modo en que te sientes y que puedes elegir quemar la culpa en el fuego de tu amor.

---

[1] N. de la T.: el vocablo perdonar procede del latín per-donare, per-donatum, en donde *per* añade un valor superlativo al término que le sucede, y *donum* significa don, donación, obsequio.

Una mente con pensamientos de culpa sólo percibe una realidad desagradable, porque tales pensamientos provienen de la crítica, del miedo y de una no-aceptación, de una falta de voluntad de cambiar. Por lo tanto, si este culpar invade tu mente, elige observar la situación sin juzgar las circunstancias. Tan sólo espera antes de abrir la boca para esparcir más de este sentimiento de infelicidad y toma un momento para virar de sentimientos de dolor a sentimientos mas placenteros. Practica desapegarte del comportamiento juicioso con la compasión natural de la que eres capaz y así, experimentarás la característica calma del estado de paz espiritual.

Escucha tu voz interior, que sabe cómo guiarte para que te rindas y seas el maravilloso ser que en verdad eres.

Sin importar cuáles hayan sido las circunstancias por las que elegiste prolongar tu sufrimiento, enfocándote en los hechos, regresa al presente. De otro modo, serás tú el único que estará enfermándose emocionalmente con tu propia resistencia al cambio, resistencia a ser libre de resentimientos, en lugar de disfrutar de tu ilimitada capacidad de amar. Tu resistencia al cambio y a perdonar es lo único que te aleja de tu riqueza espiritual. Son tus pensamientos y afirmaciones para contigo mismo los que te conducen a la oscuridad. La luz siempre está allí, lista para ser reflejada. Ese reflejo te guiará hacia la sabiduría de fluir en este magnífico Universo.

Nadie carece de voluntad. La fuerza de voluntad, como cualquier otro poder, se fortalece cuando se usa. Cualquier idea de carencia proviene del miedo, de la incapacidad de accionar desde lo profundo de uno mismo, de la incapacidad de ser honesto con uno mismo y actuar desde el alma. La mente es una herramienta maravillosa, capaz de traducir las vibraciones de creencias y sentimientos en intenciones y pensamientos. Esto sólo puede suceder si tú lo permites, liberando tu resistencia. La mente también puede traducir la energía divina de tu espíritu, pero debes estar dispuesto a recibir la traducción. ¿Alguna vez has oído la frase "se pierde en la traducción"? Esto sucede no sólo con nuestros lenguajes orales y escritos, sino también en nuestra comunicación mental con nuestro ser. Tus percepciones provienen de tus creencias. Es por eso que tu mente necesita entrenamiento para deshacerse de los pensamientos improductivos. Cualquier creencia basada en una falta de fuerza espiritual denota temor. Todo temor es improductivo si no se utiliza para reconocer su contribución emocional a una situación en particular.

Tu conciencia puede expandirse cuando cambies aquellos pensamientos que no te permitan expresarte como un ser maravilloso y amoroso.

~*~

Tu espíritu es una fuente de infinito poder, no cree en limitaciones ni en el apego. Simplemente *sabe* y *es*. Es libre y, como parte de la fuente divina, es puro amor.

~*~

En la vida cotidiana siempre existe esa guía que te alerta acerca de tu ilusión de separación. Atrévete a vivir abiertamente cada oportunidad que atraes, para eliminar viejos hábitos y obstinadas creencias. Nada sucede por casualidad.

~*~

Confía en tu habilidad para ser fabuloso, un ser íntegro con un ilimitado poder para amar.

~*~

No importa cuánto veneno emocional una persona emita: puedes protegerte con una intención positiva sin involucrarte en la disputa, de donde el único resultado es la aflicción y el dolor. En verdad podemos crear una mejor comunicación eligiendo pensamientos y palabras que coincidan con nuestras intenciones. La pureza de palabra es posible, significa que eres consciente de que las palabras contienen dosis de energía y un patrón de pensamiento asociado. Ten cuidado con el modo en que utilizas esas poderosas dosis hacia aquellos con quienes te comunicas.

Libérate de tu pasado y enfócate en el *Ahora*. Hay mucho que puedes hacer para reorganizar tu vida y restaurar tu estado natural de paz y armonía. Si tan sólo permites entrar a la armonía, te sentirás mucho mejor. Recuerda que siempre puedes elegir la paz en lugar del resentimiento. Es tu elección.

Si has tenido una relación amorosa desafortunada que

consideras que te ha quitado la capacidad de amar y de volver a abrir tu corazón a alguien, reflexiona un poco más acerca de esta opinión con la que has escogido castigarte. De nada sirve que intentes esconderte detrás de lo que consideras un fracaso. No hay fracasos en la vida, sólo desilusiones. En tu proceso de comenzar a utilizar tu poder del perdón descubrirás que cada relación ha sido perfecta para aportarte lo que más necesitabas despertar en ti.

~*~

Los resultados son simplemente respuestas a tu manera de accionar, ¡si cambias tu manera de accionar, los resultados también cambiarán!

~*~

Cada una de tus relaciones con los demás fue necesaria para que aprendas algo acerca de tu capacidad de atracción. ¿Crees que los seres con los que nos relacionamos caen de la nada? Existe más armonía de la que puedas llegar a imaginar, en el orden de este campo de posibilidades. No hay accidentes en este Universo, sólo la idea de ellos. Las posibilidades que has atraído son el resultado de tus vibraciones emocionales. Cada relación es perfecta de acuerdo a las vibraciones que envías al Universo. Cada relación puede restaurar tu conciencia, llevándote de la ilusión al amor, al descubrimiento de que tus señales se expanden, para ayudarte a avanzar con más seguridad en la dirección de tu verdadero propósito, el propósito de tener esas relaciones en tu vida.

Puedes pasar el día entero maldiciendo a las personas que tú crees que han dañado tu corazón, pero si eliges eso, te aseguro que lo único que atraerás será resistencia a amar y, como resultado, permanecerás en ese estado de dolor. Viviendo aquí y ahora liberas el dolor emocional retenido de experiencias pasadas y manifiestas la transmutación de temor a amor, de dolor a sanación. En otras palabras, puedes generar un milagro. Culpar a otros por lo que crees que te han hecho es un sentimiento denso basado en la ilusión de que aún vives en ese momento y de que ellos son seres separados de ti. Ese es otro mecanismo del ego que te conduce hacia una mente insalubre.

Todo es perfecto, anímate a explorar la perfección de la eternidad que te bendice. Deja de culpar a los demás por tus propias limitaciones. De nadie es la culpa. De nada sirve quejarte de que nadie te ama si tú te rehúsas a accionar con amor. De nada sirve andar maldiciendo a otros porque te critican cuando tú te estás criticando todo el tiempo. Comienza por poner un freno a la auto-crítica y respétate más. Verás qué fácil es, luego, poder respetar a los demás. El Feng Shui nos educa con la enseñanza de que en verdad es nuestra propia casa, por donde debemos comenzar.

~*~

Puedes sanar tu mente con sólo disminuir tu resistencia a amar, perdonándote a ti mismo, así como al prójimo.

~*~

Eleva tu estado emocional para sentirte mejor, sin culpar, sino perdonando y manifestando, de hoy en adelante, sólo aquellas experiencias que deseas vivir. Sólo puedes vivir en el ahora; entonces: ¿por qué molestarte en fingir que vives en el pasado? Responsabilízate por el modo en que te sientes, porque nadie más es responsable de "hacerte" sentir así. Sólo tú lo eres, a través del modo en que eliges pensar. La buena noticia es que no existe absolutamente nada que no puedas transformar en tu mente. Ríndete al amor. Toda resistencia resulta en ilusión y miedo.

Si eres actualmente blanco de una energía violenta u odio indeseado, reconoce tu contribución energética a ese ataque en primer lugar -tu modo de pensar, tu modo de interactuar, tu modo de comunicarte, el tono de tu voz, tu postura corporal, todo aquello que es originado por tus emociones y tu patrón de pensamiento- y luego reconoce tu propia fuente de amor dentro de ti, para abrir las puertas de tu vida a un milagro. Discúlpate si alguien se siente ofendido por algo que dijiste o hiciste, incluso si tu intención no fue ofensiva. Discúlpate con sinceridad porque, en ese momento, estarás siendo la persona amorosa y compasiva que deseas ser y estarás dando la bienvenida a la misma clase de amor y perdón. Incluso si la persona escoge permanecer sintiéndose ofendida al cabo de tu disculpa, sabrás que has experimentado el poder del perdón para con tu propio ser.

~*~

El pensamiento ególatra es responsable de cualquier dolor en tu cuerpo y desea tener la razón. Tu espíritu, tu fuente sagrada de amor, desea ser amable, compasivo y desea perdonar.

~*~

Respira profundamente. Toma unos momentos para disfrutar del silencio, despejar tu mente y liberar tu resistencia a amar. No puede haber paz si reaccionas con la misma clase de energía venenosa hacia la persona que atacó primero, incluso cuando eso te parece la justificación perfecta. El modo correcto de atraer perdón automático es eligiendo detener la atracción del drama a tu vida, justo en el momento en que la oportunidad de un milagro aparece. Elige ser gentil. Actúa y trata a tu prójimo como a ti te gustaría ser tratado. Enseñamos, y aprendemos mejor con el ejemplo.

Aquí y Ahora

Si crees que nadie pudo darte las cosas que siempre has deseado, siéntete agradecido ahora, porque puedes proporcionártelas tú mismo.

Uno de los secretos del éxito es aceptar tus metas, tus deseos y decidir qué cosas deseas desarrollar en el proceso de hacerlos realidad. Si tu modo de comportarte denota la falta de voluntad para acercarte un paso más a la realización de tus objetivos, entonces revísalos, inspírate y avanza con entusiasmo hacia ellos. Saca provecho de cada oportunidad que has atraído a tu vida.

No importa lo que otros piensen acerca de ti, sólo tú puedes aclarar tu percepción y lograr acceder al plano de conciencia en donde puedes fácilmente encontrar orientación. Lo que sea que los demás piensen, o lo que tú creas que piensan, no tiene nada que ver contigo sino con su manera de percibir la realidad. Cada ser humano tiene la exclusiva opción a vivir bajo las garras del ego, a criticar y a juzgar a otros porque no ha hallado el modo de trascender sus propios temores. Cada uno tiene, también, la otra opción de actuar desde un corazón libre de emociones negativas. Escucha tu voz interna, que es sabia y carece de dolor, porque su sabiduría se basa en el perdón, en la capacidad de amar y en establecer lazos con todo con lo que se conecta.

Lograr un equilibrio emocional es vital, por esto siempre elige los pensamientos que produzcan bienestar en lugar de aquellos que sólo bajan tu energía, dejándote vulnerable ante desequilibrios emocionales ajenos. Transmuta con perdón cualquier ataque que sientas venir hacia ti, comenzando ahora. Tú sabes que eres un ser eterno e indestructible cuando te sientes a salvo y cuando no hay miedos, sólo amor.

~*~

Despierta de la pesadilla del dolor y las carencias.
Eres un ser, en esencia, compasivo. Un ser divino con absoluta capacidad de amar.

~*~

Utiliza tu pasado de modo productivo. Aprende de tus errores y elige avanzar hacia la siguiente etapa de tu desarrollo. No te dejes atrapar por la carga negativa que ciertos recuerdos pueden traer. Recuerda que, si estás sufriendo por algo que ya ocurrió, entonces aún no lo has superado y que aún no te has perdonado a ti mismo ni a los demás.

Si no hubieses experimentado aquello que has atraído a tu vida, no serías la persona que hoy eres, con las enseñanzas que tales eventos hayan despertado en ti. Puedes cambiar la manera en que ves tu pasado y así aprender más sobre los mensajes de cada una de las experiencias vividas. Muchas de las suposiciones acerca de nuestras experiencias están basadas simplemente en nuestra percepción sobre las circunstancias que hemos manifestado. El mejor modo de enfocarte en tu presente es avanzando hacia tu propósito y aprovechar al máximo cada oportunidad del *hoy*. Para abrirte al poder del perdón, conéctate con tu paz interior y recibe la armonía de tu guía sagrada.

Libera tu dolor a través del perdón. El verdadero perdón es libre de dolor. Tal vez hayas oído a alguien decirte: "lo hecho, hecho está". Pero siempre existe algo más profundo en ti que sabe bien que eso no es así. Siempre hay algo que puedes hacer. Comienza por cambiar tu manera de pensar acerca del "problema". Perdónate y perdona a las personas involucradas e invita a la oportunidad de eliminar el dolor de tus recuerdos del pasado. El dolor es una ilusión en un momento determinado. Si descubres que es tu resentimiento lo que te mantiene amarrado al dolor, libera ese resentimiento rindiéndote a tu corazón, decidiendo detener la guerra que libras en tu mente.

~*~

Eres esencialmente amor y el amor puede superar el resentimiento y la culpa con facilidad. Podrás perdonar sólo si permites que tu alma exprese su verdadera naturaleza.

~*~

Comunicación sin Ego

Si te comunicas con compasión genuina no te encontrarás diciendo "no grites, te estoy hablando con calma" mientras piensas "eres un idiota". Armoniza tus pensamientos con tus sentimientos para alcanzar la comunicación ideal. Si piensas "mi esposo no me entiende", "no tengo lo suficiente", "mis padres son demasiado obstinados, no hay nada que pueda hacer" o "mi hermana no me comprende" tendrás dificultades para compartir tu luz con ellos, para alcanzar tu realización personal y para comunicarte con la verdadera voz de tu espíritu.

Nuestro sistema emocional nos alerta acerca del modo en que estamos manifestando nuestra realidad. Si meditas seriamente acerca del modo en que has vivido tu vida hasta hoy, podrás encontrar recuerdos en que la realidad que creías estar viviendo resultó ser una ilusión creada por ti. Pon atención a tus emociones para prever adonde te están conduciendo.

Comienza tu realización por amarte y respetarte a ti mismo como alguien que desea progresar hacia una conciencia superior. Nadie puede dar amor sin antes haberse amado a sí mismo. Deja siempre espacio para la sorpresa; nadie es tan diferente de ti como tú crees. Internamente todos deseamos ser seres con apertura de conciencia y vivir en armonía.

La clave está en la manera en que las ideas nos llevan a crear caos en donde también puede haber amor. Por alguna inoportuna razón muchos tienden a dejarse llevar por suposiciones que se traducen en: "¡no soy yo, son ellos!" "¡no hice nada malo y ellos empezaron a gritarme!", "son todos unos idiotas que nunca van a cambiar" "la culpa es de ellos" "de nada sirve decirles, ellos no entenderán." Pregúntate realmente si estas suposiciones están basadas en una verdadera actitud de amor hacia tus seres queridos. ¿Te estás dando el espacio para aprender algo de esta situación? ¿Les estás dando a ellos el espacio para crecer? ¿Les estás dejando expresarse libremente? ¿Puedes visualizarlos armoniosamente apoyándote en tus elecciones, así también como tú a las de ellos? ¿Estás caminando en sus zapatos, viendo la vida con sus ojos?

Es a ti a quien tienes que preguntar qué puedes hacer desde tu mente, corazón y espíritu para aportar un cambio trascendente en todas tus relaciones. No es importante quién tenga la razón, lo importante es quién tenga la sabiduría y la compasión de perdonar.

La verdad en estas situaciones requiere de mucho más que de las suposiciones que están únicamente basadas en el ego, en una separación más entre tú y los demás. ¿Crees que es dura la verdad? De ti depende que la "verdad" sea dura o no, la dureza se la da tu percepción, ya que el concepto de verdad está basado únicamente en tu apreciación, en tus creencias.

Si eliges accionar desde tu ego, continuarás manifestando el caos que mantiene a tantas personas encerradas en un drama insoportable. Existe siempre una solución pacífica para cada "problema" que creamos encontrar. Está totalmente en ti el accionar atrayendo más drama o transformar la situación con la irradiación majestuosa de tu espíritu. Es irrelevante tratar de determinar quién comenzó una discusión, lo importante es cómo transmutarla de modo de no expandir más drama en este maravilloso Universo.

Recuerda siempre, y no es sólo una metáfora, que puedes aportar Luz donde hay oscuridad. San Francisco de Asís nos inspira con su maravilloso poema que se convirtió en su impecable devoción de vida "Donde hay odio, que yo lleve el amor. Donde hay ofensa, que yo lleve el perdón. Donde hay discordia, que yo lleve la unión. Donde hay duda, que yo lleve la fe. Donde hay desesperación, que yo lleve la esperanza. Donde hay tristeza, que yo lleve la alegría. Donde están las tinieblas, que yo lleve la luz..."[2]

Herman Hesse (1877-1962 escritor suizo, nacido en Alemania) nos recuerda que a los seres humanos nos cuesta sentarnos, tomar un momento para calmar la mente y reconocer que la realidad no está fuera sino dentro.

---

[2] San Francisco de Asís fue un santo italiano, fundador de la Orden Franciscana. http://www.shrinesf.org/help.htm- The National Shrine of Saint Francis of Assisi

Ejercicio Espiritual 2

Disfruta el silencio. Toma un momento hoy para sentarte y aquietar tu mente para visualizar tus relaciones perfectas. Si pudieras tomar conciencia de la cantidad de cosas que decimos y pensamos cada día, pasarías más tiempo en silencio. Despertarías de una pesadilla de comunicación negativa y comenzarías a vivir en un plano más compasivo.

Practica la libertad del resentimiento, recordando que siempre se necesita el perdón para sanar cualquier herida que consideres tener. Elige liberarte de todo pensamiento que te conduzca a culpar.

Escribe una carta a aquellas personas por quienes te has sentido herido. Sé compasivo en el uso de tus palabras y perdónalos. Mantiene en tu mente la imagen de las cosas que más te agradan de ellos. Eso elevará tu conciencia y nutrirá intenciones positivas hacia ellos. Puedes elegir si enviar la carta o no. El sólo acto de escribirla es lo que originará el perdón en tu corazón.

Concéntrate en tu corazón, que late sin esfuerzo consciente

alguno de tu mente. Inhala y siente cuán maravilloso es conectarte con tu alma libre de sentimientosególatras. Libera el dolor indeseado de experiencias pasadas, enfocándote en el *ahora*. Pide orientación y serás bendecido con compasión. El Poder del Perdón sanará tu cuerpo y tu mente.

Mira a través de las ventanas de tu alma, en lugar de tus ojos físicos. Conéctate con la belleza de los ojos de alguien y abrázala. Di algo hermoso a alguien y cambia el tema cuando notes que alguien hace afirmaciones venenosas. Te sorprenderá ver qué poco esfuerzo se necesita para reducir los pensamientos negativos y el drama en el corazón de una persona.

Capítulo 3

El Poder de la Intención

"Todos los estados encuentran su origen en la mente. La mente es su fundamento y son creaciones de la mente. Si uno habla o actúa con un pensamiento puro, entonces la felicidad le sigue como una sombra que jamás le abandona."
Príncipe hindú Siddharta Gautama, 563-483 B.C.

Cada uno de tus pensamientos contiene una carga de energía de tu campo vibratorio. Tus creencias, tus conocimientos, tus debilidades, tus inseguridades, básicamente cada sentimiento está impreso en esa señal que envías con tu pensamiento. Somos parte de la conciencia universal y siempre nos hemos relacionado con ella. Es por eso que es necesario alcanzar tus objetivos mediante el estudio de los hábitos involucrados con ellos. Si en verdad deseas algo, utiliza tu poder de decisión para transformar los hábitos que no están en consonancia con ese deseo, tales como viejas ideas, creencias y juicios. Reconociendo eso serás capaz de eliminar el hábito del pensamiento negativo, de ir en contra de tu propia esencia.

Te abres al mundo de las posibilidades sólo por pensar como lo haces y obtienes las mismas frecuencias que emites. Buda lo expresó así: "Todo lo que somos es el resultado de lo que hemos pensado; está fundado en nuestros pensamientos y está hecho de nuestros pensamientos." Ten la intención de sentirte mejor, de superar tus limitaciones, de descubrir que Dios tuvo la intención de crearte como un ser perfecto, alguien listo para utilizar todo su potencial. Establece la intención y luego actúa.

Aquí hay un modo simple de llamar a tu Poder de Intención a la acción: sé claro. Intenta vivir de acuerdo a tus aspiraciones. Visualiza cada detalle de lo que en verdad deseas alcanzar y actúa con el poder de tu propósito. Elige tener pensamientos que estén en armonía con la clase de vida inspirada que deseas vivir y si tienes pensamientos que no lo están, elimínalos completamente. Ten la intención de materializar aquello que te gustaría atraer. Confecciona una lista de tus más preciados deseos.

Aquí hay algunas afirmaciones para ayudarte a pensar, elegir y manifestar el mejor escenario para lograr relaciones saludables y prósperas:

Soy Libre, por lo tanto utilizo el poder de mi intención para expresar mi divinidad y me siento libre para seguir los deseos de mi corazón.

Soy Amor, por lo tanto me esmero para trabajar con todos mis poderes para tener relaciones prósperas, buena comunicación, claridad y compasión con mi pareja, con mi familia y amigos y con todas las personas con quienes comparto momentos valiosos.

Soy Saludable, por lo tanto tengo la intención de ser saludable comiendo con moderación, disfrutando del ejercicio físico y divirtiéndome con mi cuerpo, que es el vehículo de mi espíritu divino.

Soy Feliz, por lo tanto mi intención es atraer personas con quienes comparto mutuo aprecio y ser bendecido con una actitud cooperativa porque entendemos la importancia de ser amorosos, divertirnos y disfrutar de nuestras vidas.

Me siento inspirado, por lo tanto tengo la intención de expresar mi divinidad, mi conexión con la fuente divina, porque me hace feliz utilizar mi potencial para inspirar a otros a que utilicen el suyo.

~*~

Vive hoy, con la intención de ser conciente de que cada persona que has encontrado en tu camino es un reflejo de Dios.

~*~

Eres inconmensurable, por lo tanto, puedes elegir vivir tu vida como si todo fuera un milagro, como lo propuso Einstein. Haz aquellas cosas que siempre has querido hacer, cosas que te hagan sonreír, que hagan a otras personas sonreír y que dejen la huella de tu alma sobre la faz del tiempo. Ten la devota intención de atraer aquello que más deseas. Este es el truco: sé claro acerca de lo que deseas, utilizando el poder de tu intención. Imagina que ese objetivo se proyecta sobre una pantalla gigante en tu mente. Confía en tus habilidades para reconocer aquello que coincide con tus deseos mentales, emocionales y espirituales.

Si te aferras a esa imagen por hoy, reemplazando cada pensamiento negativo que amenaza con arruinar el proceso de ver aquello que deseas ver, con pensamientos positivos, entonces la belleza de tu claridad habrá sido alcanzada en su máximo exponente, cumpliendo uno de los mayores deseos de esta era: elevar tu mente con el poder de tu intención.

Liberando el Pensamiento Crítico:

Haciendo espacio para pensamientos saludables

Quizá hayas notado esa sensación que tienes cada vez que juzgas de manera negativa algo o a alguien. La conversación con esa otra persona puede parecer interesante pero debes dejar de dar excusas por ser crítico, echándole la culpa a tu cultura, a tu comunidad o al modo en que hayas sido educado. Debes comenzar a asumir la responsabilidad. Tienes la capacidad de transformar tus pensamientos porque tu espíritu sabe que nada ni nadie puede manipularlo, sólo tu miedo puede generar una respuesta asociada al ego, incluso cuando el silencio representa una respuesta mucho más poderosa. Como diría Wayne Dyer: "Puedes elegir ser amable, antes que tener la razón"

Tu ego siempre quiere tener la razón. ¡Esa idea es lo que te define a ti como alguien especial en comparación con alguien que no lo es! Esa creencia de que alguien más está equivocado, siempre te hace sentir bien. ¿En verdad te sientes mejor cuando puedes probar que "tienes la razón"?

Los pensamientos que provocan enojo, resentimiento, odio o cualquier otra emoción negativa opacan tu potencial. Los pensamientos emiten señales negativas, incluso si no los expresas. Transforma tus opiniones negativas en opiniones que generen vibraciones positivas. Cuando notes que tienes una opinión negativa, respecto de ti mismo o de otros, intenta de inmediato hacer una afirmación positiva que invite a la sagrada guía dentro de ti, a tomar el control de tus pensamientos. Transmuta lo negativo en positivo. Esto es posible gracias a que tu propio sistema energético sabe cómo hacerlo, si tan sólo crees en ti. Es más fácil ser amable, la idea de que actuar "desde el ego" es la manera correcta de hacerlo, es sólo una idea que te has creado.

"Un Curso de Milagros" me inspiró con sabiduría de que "el ego es una idea basada en el concepto de separación". Los pensamientos críticos son la respuesta del ego, del deseo de tener la razón. Tu espíritu conoce mejor, que ser amable también es una opción.

~*~

El silencio es necesario para aquietar una mente ruidosa y conectarte con tu potencial espiritual. Tu espíritu no necesita tener razón ni criticar, porque no existe separación entre tu espíritu y Dios. Recuerda esto y siempre tendrás la oportunidad de actuar desde tu intención de estar en paz.

~*~

Una intención bondadosa puede hacer milagros cuando se manifiesta desde tu habilidad de pensar con claridad. La guía interior te asistirá siempre que se lo pidas y se lo permitas.

Elige con cuidado las palabras antes de hablar. No hieras a alguien sólo porque tú te sientes herido. Si te sientes herido admítelo y atiende tus heridas primero. Libera tu cuerpo de las heridas emocionales, que interfieren con la posibilidad de disfrutar de relaciones más saludables. Confucio predicó: "Olvida la ofensas, nunca olvides las bondades."

Utiliza tu entendimiento para recordar que cuando alguien te hiere tienes la oportunidad de hacer un milagro. Cuando actúes desde la divina fuente descubrirás que puedes ser compasivo.

Al enfocarte en tu intención de ser amable, manifestarás la comunicación deseada en tu vida y será muy difícil que aquellos con pensamientos negativos consuman tu energía. Sé sincero contigo mismo respecto de tus intenciones. Excluye las palabras o pensamientos que no estén en consonancia con tus deseos y contempla con compasión a las personas que no son sinceras respecto de los suyos.

Ejercita el desapego emocional de las opiniones ajenas. Permite a los demás expresar sus temores e inseguridades sin que esto te afecte. No permitas que tu ego domine una situación buscando tener la razón o tomar el control de una discusión. Todos tienen derecho a actuar de modo estúpido sin que eso te afecte. Si las personas que te rodean te juzgan, hazte fuerte y expresa con sutileza y compasión tu intención de ser feliz en el presente, de tener una conversación productiva, de disfrutar cada momento.

Sólo tú puedes darle al ego el poder de superar al espíritu. Cada experiencia desafortunada es otra oportunidad para que te conectes a la fuente divina. Si supieras que tienes la elección de alterar el diseño de tu ego: ¿lo intentarías? Por supuesto que lo harías. Y puedes hacerlo.

~*~

Con cada obstáculo de mi camino, miro hacia arriba y siento que millones de estrellas me saludan.

~*~

El cotilleo tiene el efecto de la magia negra. Sin lugar a dudas puedes dañar la energía de alguien si hablas negativamente de esa persona en su ausencia. Utiliza "magia blanca" enviando amor a la gente, hablando acerca de sus cualidades más maravillosas. [3] Aquí es donde la belleza de la gratitud nos ilumina. Esto es algo en lo que serás evaluado cada día, porque es muy usual que las personas ignoren el hecho de que, al hablar negativamente de alguien en su ausencia, están dañándose a sí mismos. La miseria adora la compañía y a las personas que suelen criticar les gusta hacerlo en grupo, para poder validar sus opiniones con otros constantemente. Sin embargo, involucrarse en tales grupos es otro modo de atraer drama a tu vida. El veneno que envías se expande y afecta tu capacidad de conectarte con el significado supremo de tu vida, con el camino de la paz y el amor, de la amabilidad y la

---

[3] "Magia Negra" y "Magia Blanca" son términos extraídos de "Los Cuatro Acuerdos" de Don Miguel Ruiz, para describir el efecto positivo y negativo de la utilización de las palabras.

compasión, de la gratitud y la prosperidad. Si pierdes parte de tu energía en cotillear y juzgar no estarás conectándote con los poderosos mensajes que te son enviados todo el tiempo.

Recuerda que al enfocarte en la luz también estás enviando luz. El drama está allí, esperando sincronizar con quienes vibren en su misma frecuencia pero también lo está el amor y todos los valores que quieras manifestar en tu experiencia de vida.

Cada vez que hagas una afirmación negativa respecto de ti mismo o que cotillees acerca de otra persona o que digas cosas que te menosprecien como "no soy bueno en esto", en lugar de enfrentar el desafío que se te presenta, estás escapando al poder de tu intención, que puede ayudarte a superar tus limitaciones y tus miedos. Tal vez estés tratando de aprender algo nuevo que es muy difícil para ti, algo que nunca has hecho antes. Si te encuentras repitiendo pensamientos negativos acerca de ti mismo mientras aprendes algo, estás dificultándote mucho más el proceso de alcanzar ese objetivo. Por ejemplo: si dices que no eres capaz de aprender, esa creencia se expandirá. Si dices "¡Qué malo soy en esto!" te será difícil mejorar, incluso cuando sigas intentándolo. Ya lo habrás esculpido en piedra. Esa es la influencia de tus pensamientos, que sólo pueden transmutarse con el poder de tu intención.

Posees, dentro de ti, todo lo que necesitas. Conviértete en la luz que ilumine todas tus aspiraciones. La abundancia siempre se manifestará a través de los talentos que te han sido otorgados. Utiliza sabiamente el poder de tu intención. Intenta vivir tu vida con la sabiduría de tu espíritu y éste te sorprenderá.

Hay una cita de Tao Te Ching que reza: "Quien conoce a los hombres es hábil. Quien se conoce a sí mismo es sabio. Quien vence a los otros es fuerte. Quien se vence a sí mismo es poderoso. Quien se contenta con lo que posee es rico..."

Regreso al Drama

Muchas personas son maestros del drama. El drama que originan diciendo y pensando *"Este mundo es una basura"*, *"No me importa saber por qué las cosas suceden de esta manera"*, *"Odio mi vida"*, *"Odio mi trabajo"*, *"No tengo tiempo para hacer lo que me gustaría, "Es su culpa"*... Lo han ejercitado por tanto tiempo que han dominado el arte de hacerlo. Han creado escenarios que les permiten experimentar sus miedos más profundos, pesadillas que involucran preocupación, violencia, pesimismo, ironía, odio, abuso. Todos estos sentimientos tienen algo en común: no se sienten bien.

El drama adora la falta de voluntad, porque vive con miedo. Si te sientas y dices *"Me rindo"* y permites que tu voluntad se entregue a la negatividad, estás dejando que el drama tome el control. Si piensas *"No puedo hacerlo"*, *"Soy demasiado viejo"*, *"No tengo edad suficiente"*, *"No soy lo suficientemente inteligente"*, estarás perdiendo la oportunidad de dejar que el poder de tu intención te sorprenda con su fuerza.

Imagínate utilizando todo el poder de co-creación que hoy utilizas en manifestar drama, para generar sentimientos de gratitud, amor y bondad, convirtiéndote, eventualmente, en un maestro de esas energías supremas. Cuando notes que no estás logrando lo que buscas de alguien, intenta enviar amor a esa persona, en lugar de empeorar la situación odiando algo de ella, lo cual es un desperdicio de tu Qi creativo.[4]

~*~

Siempre hay algo que aprender de cada situación confusa, incluso cuando las circunstancias parecen ser desafortunadas.

~*~

Habla el lenguaje del perdón y de la aceptación para evitar atraer el drama a tu vida, generando un sentimiento de paz mental. Puede que necesites viajar al pasado, para descubrir las heridas abiertas y cerrarlas una a la vez. Es una experiencia sorprendente descubrir cosas acerca de ti que no sabías. La buena noticia es que ya no eres esa persona y puedes transformar tu vida desde hoy en adelante.

Estás lleno de amor, esa es la firma de tu creación. Es posible actuar con compasión porque estás lleno de ella.

---

[4] Qi creativo (también conocido como *Chi*): la expresión artística de la energía vital y espiritual. Es la fuente de cada idea que te conduce a un estado de conciencia donde el entusiasmo florece.

Inténtalo y obtendrás su bendición.

Si desperdiciamos nuestra preciada energía en vivir con miedo e inacción, la belleza de la vida pasará desapercibida y lo que no deseamos será lo único que podremos ver, lo único en lo que nos enfocaremos. Estamos aquí por una razón y tú has utilizado ese saber muchas veces antes de permitirte caer nuevamente en el drama y olvidar la maravillosa y significativa aventura que tienes el poder de co-crear.

~*~

Respira profundamente ahora y reflexiona acerca del secreto más profundo de esta magnífica vida: atraeremos prosperidad cuando tengamos sentimientos y pensamientos prósperos; atraeremos felicidad cuando nos sintamos felices; atraeremos amor cuando nos amemos y amemos a otros; atraeremos amigos cuando seamos amigables; atraeremos bondad cuando seamos bondadosos; atraeremos salud cuando hagamos elecciones saludables y dejemos de introducir veneno en nuestros cuerpos.

~*~

Piensa con alegría, abrazando aquello que en verdad deseas con todo tu corazón, en todo momento...

Ahora visualízate siendo eso, teniendo eso, sintiéndote así...

Ejercicio Espiritual 3

Escribe una lista con tus deseos y tus planes para alcanzarlos. Disfruta viendo a donde te lleva tu mente y tu alma.

Practica no juzgar tus acciones ni las acciones ajenas.

Practica observar cómo pueden contagiarse los pensamientos venenosos de una persona a otra, a través de las palabras. Deja de contribuir a este tipo de contaminación. No te involucres en el cotilleo con la intención de ser consciente del daño que causa este tipo de conversación. Siembra las semillas de la compasión y de una mente amorosa libre de ego.

Ocúpate de tu propio propósito y notarás que sólo con enfocarte en quien en verdad eres, nada puede afectarte. Serás capaz de dejar de sentirte ofendido. Es nuestro sentido de importancia personal lo que se siente atacado, no nuestro verdadero ser. Nada es contra tuyo, el Un*iverso* te ama.

Practica bajarle el volumen a tus pensamientos. Es posible que al hacer esto prestes más atención al silencio, que es sabio, más que cualquier pensamiento ensordecedor. Un pensamiento de paz y compasión requiere del silencio de todos los demás pensamientos.

Muéstrate amable cuando tengas la oportunidad. Hazlo un día entero, incluso si sientes que tienes el derecho de romper este principio fundamental. Olvida el tener la razón o no y sólo enfócate en tu sabiduría interior.

Ten en mente que eres espectacular, nadie puede robarte eso. Vive tu día de acuerdo a este pensamiento.

Capítulo 4

El Poder del Propósito

"El mayor descubrimiento de mi generación es que un ser humano puede cambiar su vida cambiando su actitud mental... Hay momentos en que una voz interior habla y dice: Este es mi yo auténtico."
William James

Tú eres el creador de tu propia realización, nadie ni nada puede separarte de tu propósito. Por lo tanto, cada una de tus experiencias ha sido perfecta para que hoy descubras sus mensajes.

Compartes tu esencia con la energía universal. Fíjate que cada evento de tu vida responde a un patrón de pensamiento y de sentimiento. Aceptar esto hará tu travesía más placentera y te ayudará a reconocer el significado que se esconde detrás de las *coincidencias*. En mi ABC espiritual *coincidencia* es un sinónimo de *oportunidad*.

No existe lo que llamamos "suerte" en este Universo perfecto. Sólo existe la manifestación de tus sueños, que se da como resultado de tu capacidad o incapacidad, para accionar desde tu propósito.

Disfruta de tu travesía hacia la felicidad, sintiéndote dichoso de antemano en el descubrimiento de lo que atraes a tu experiencia, ya que es en este proceso en donde entrenarás tu mente y transformarás tu conciencia, aceptando orientación y emergiendo a un nuevo nivel de pensamiento donde no existen limitaciones sino expresiones de conciencia.

Puedes comenzar de inmediato, reconociendo tu incuestionable deseo de crecer, de encontrar paz interior al revelarte como en verdad eres: un espíritu divino viviendo en esta dimensión física y, al mismo tiempo, metafísica. A mediados de los años '20 el astrónomo Edwin Hubble hizo una de las más grandes contribuciones a la ciencia: descubrió que las estrellas y las galaxias estaban alejándose de nosotros y entre ellas. Su conclusión fue que el Universo está en constante expansión.

Para entenderlo mejor podemos considerar el Universo como un globo que estalla continuamente. Como resultado, los puntos sobre la superficie de este globo se separan unos de otros. Si estos cuerpos celestiales, incluso nuestro planeta, están en continua expansión: ¿qué efecto tiene esta expansión sobre nosotros, como seres microcósmicos del Universo? En otras palabras, piensa en las múltiples formas en que el Universo expresa su expansión. Una de sus expresiones eres tú. Eres un cuerpo de energía microcósmica en este Universo y estás expandiéndote con él. Tu llama crece y se expande con cada reflejo de la divinidad, con cada acción de tu espíritu. Tú quieres ser más porque deseas crecer expresando este núcleo divino que es uno con el Universo. Es a través de las intenciones amorosas de entregarnos al flujo del Universo que dejamos ir el dolor, la frustración y la escasez.

Gran parte del drama y el dolor que las personas atraen a sus vidas provienen de la creencia de que no pueden sentirse inspirados por su extraordinario propósito. Esta creencia deriva de la opinión de que la inspiración está reservada para un momento particular o especial de sus vidas. Inventar excusas para evitar mostrar nuestro maravilloso ser no contribuye a lograr el estado de felicidad de vivir en el presente.

Si puedes reconocer que deseas ser feliz y próspero y confiar en tus talentos, podrás llevarlos a la práctica a través de su aceptación. Una "mente abierta" significa, en este libro, una transformación de la conciencia, una expansión de tus habilidades. Implica la determinación de superar el temor con el conocimiento interno de tu fuente divina.

La frecuencia de tus pensamientos combinada con la pasión que añades a tales pensamientos da como resultado las experiencias que atraes. Experimenta el placer de saber y sentir, todo el tiempo, que en esta magnífica vida podemos sincronizar con todo aquello que tengamos la intención de manifestar.

James Redfield, autor del sensacional libro *La Novena Revelación*, escribió: "*La evolución personal nos ha de llevar a conocer nuestra misión personal y esto intensifica el flujo de coincidencias que nos guían hacia nuestro destino. Los sueños y las intuiciones nos conducen a las respuestas de las preguntas que nos planteamos. En este estadio de nuestra evolución, tenemos que estar atentos a las coincidencias, a los procesos de sincronicidad.*"

¿Estás comprometido con algo completamente improductivo? ¿Te sientes feliz contigo mismo, con lo que haces? Siente tu talento. ¿Cuál es tu talento? Imagínate utilizándolo el mayor tiempo posible. Visualízalo, siéntelo en tu corazón. Imagina cómo tu tiempo es más valioso cuando das uso a ese talento. Cualquiera sea tu talento, deja de leer de inmediato, respira profundo y aquieta tu mente mientras exploras la belleza de ese don.

Pregúntate a ti mismo qué opinas acerca de ese precioso don que tu ser interior -el que se conecta con el corazón sagrado de toda forma vital- te ha otorgado. Esta es otra oportunidad de que descubras qué propósito supremo está conectado con tus talentos. Piensa en aquellas creencias que te llevaron a esperar un mejor momento en tu vida para utilizar tus talentos y en las excusas que utilizaste para posponerlos.

Cada excusa de postergación nos imposibilita comulgar con el aquí y ahora, desviando nuestra atención en el tiempo lineal (pasado o futuro).

Johann Wolfgang von Goethe pensó: "Un gran talento encuentra su felicidad en la ejecución."

Piensa en esos acuerdos que hiciste contigo mismo acerca de cuándo usarlos y cuándo no. ¿Los estás guardando para una mejor ocasión? ¿O quizás para impresionar a esa persona que estás esperando que aparezca en tu vida? ¿O es que sólo utilizas tus talentos cuando no tienes nada más en mente y allí, en el límite del aburrimiento, dices... "Y bueno, ahora lo haré porque no hay nada más para hacer"?

¡No desperdicies más tu preciosa fuerza vital!

~*~

El *Ahora* es todo lo que tienes. Tus talentos son las herramientas para construir el sueño de tu vida, para ayudar al propósito de tu alma a que se convierta en uno junto con los propósitos de otras personas.

~*~

Leo Buscaglia, renombrado catedrático y autor del récord de ventas "Amar a los demás", entre otros libros, escribió: "Tu talento es el regalo que Dios te dio. Lo que hagas con él es tu regalo hacia Dios."

Medita acerca de esto por un momento. ¿Qué estás

devolviéndole a Dios? Dios existe en ti, así como en todas las de más personas, por lo tanto puedes expresar tu poder todo el tiempo, a través de tu modo de sentir, pensar, soñar y actuar. Cada pensamiento, sentimiento o acción es tu regalo hacia Dios. Este es uno de los mayores secretos del éxito y la felicidad.

No existe duda alguna cuando usas tus talentos. No hay lugar para la infelicidad cuando manifiestas tus valiosos talentos. No existe soledad cuando tocas ese instrumento. Hay una canción universal de la cual eres parte. Y también eres compositor de uno de sus versos, tu misión. Tu verso no es pequeño. Es tan grande e importante como el resto de los versos. Estarás escuchando esta canción cada día de tu vida porque la estás tocando en tu alma, así como en tu mente.

Este es el truco: combina tu propósito con tus talentos. Trabajan mejor juntos. Tanto si tienes un talento en las artes, música, comunicaciones, ciencia, sanación, utilízalo con entusiasmo. El poder de la intención te ayudará a dominar tus talentos y disfrutarás cada segundo cuando los estés utilizando.

¡Sueña! Vamos, pasa algún tiempo soñando la gran vida que mereces tener, mientras pones a trabajar tus maravillosos talentos con propósito. Vincent Van Gogh una vez dijo: "Sueño con mi pintura y luego pinto mi sueño".

¿Hay obstáculos o bloqueos entre tu espíritu y tus talentos? ¿Estás posponiendo? Si tu respuesta es sí, entonces examina las limitaciones impuestas por tus creencias. Los bloqueos son ideas hechas de holgazanería, postergación, suposiciones, pesimismo y apego a hábitos improductivos, entre otras. Si estás seguro de que no tienes ninguna de las que acabo de mencionar, ¡entonces puede que tengas creencias que no te están permitiendo expresar lo que llevas dentro!

El gran Patanjali lo propuso de este modo: *"Cuando un gran propósito te inspira, algún proyecto extraordinario, todos tus pensamientos, rompen sus ataduras: tu mente transciende las limitaciones, tu conciencia se expande en todas direcciones y te descubres en un mundo nuevo, grande y maravilloso. Fuerzas, facultades y talentos dormidos cobran vida y descubres que eres una persona mucho mejor de lo que nunca soñaste."*

Tus talentos son una expresión de tu belleza interior, que cobra vida a través de tu entusiasmo por manifestar tu propósito. Te sientes entusiasmado porque estás dejando la rutina para ponerte en el mágico lugar de co-creador, te sientes mucho mejor porque tú estás haciendo aquello que sabes cómo hacer. La pasión que experimentas en este proceso eleva la frecuencia de tu campo vibratorio. Vivir una vida sin expresar tus talentos es vivir una vida sin pasión.

Aquí hay un ejemplo de cómo tus creencias y sentimientos trabajan para ayudarte o perjudicarte en la expresión de tus talentos y propósitos.

Si tus creencias se basan en alguna de estas afirmaciones: "no tengo tiempo para expresar mi talento" "estoy estresado" "estoy muy ocupado" "me siento muy cansado, incluso para hacer lo que más amo hacer" no estás expandiendo tu conciencia, no eres consciente del significado de sentirte feliz y vivir en armonía contigo mismo. Estás aceptando las elecciones de tu vida como si fueran las únicas opciones. Esta es otra mentira. Puedes elegir mejor, ¡mucho mejor que eso! ¿Es arriesgado? ¿Es ése tu miedo, el riesgo?

¿Qué riesgo puede ser mayor que vivir tu vida con miedo y haciendo cosas que no amas hacer?

~*~

Cambia tu modo de pensar y sigue aquellos sentimientos que te llevan a un estado de conexión y dicha con tu propósito, con tu alma. En otras palabras: encuentra el camino para disfrutar de todo lo que haces viviendo en el hoy, amando lo que haces, lo cual constituirá una experiencia sanadora para tu mente.

~*~

Recuerda que tus pensamientos se manifiestan en la realidad. Si no te sientes satisfecho con lo que has estado atrayendo a tu vida últimamente, si no te sientes bien permaneciendo atado a viejas creencias, ¡entonces modifica tu estado mental! ¡Puedes hacerlo! Pero no puedes cambiar las raíces de esas creencias con el mismo concepto con que las has creado. Es necesario que transformes tu modo de pensar explorando el significado de los sentimientos que actualmente tienes. Tus sentimientos te alertan acerca de la calidad de las elecciones que estás haciendo.

Esta es una magnífica oportunidad para que hagas algo sorprendente por tu mente: *confiar en la sabiduría de tu espíritu*. Entusiásmate y elige cambiar tu patrón de pensamiento bajo la influencia de tan profundo estado de inspiración e, instantáneamente, la orientación te llegará en una imagen, una voz interna, un amigo, un libro, el saber de tu espíritu que viene para despertar el poder de tu propósito.

~*~

No importa cuán grandes tus sueños sean. Así atraviesen el cielo, tendrás que construir una escalera para alcanzarlos.

~*~

Ten la intención de percibir el tiempo de modo diferente. Si tu vida está monopolizada por el trabajo y no te está dejando tiempo para expresar tus talentos, entonces ¡transforma tu vida! ¡Puedes hacerlo! El paso más difícil es el primero, el tomar el control de tus hábitos y aplicar los cambios necesarios. Sin cambios, tu vida no puede mejorar. Puedes aprender a tomar los pasos necesarios para transformar tu realidad actual en una que respalde tus objetivos. Utiliza tu tiempo con sabiduría, inviértelo íntegramente. Respeta tus objetivos sólo si éstos constituyen un camino para que puedas expandir tu creatividad y servir mejor a los demás. Elige invertir tu energía en expresar tus talentos lo más posible. No importa cuáles sean tus talentos,

¡utilízalos! Compártelos con el mundo. Tus maravillosos dones pueden ayudar a que otros sonrían, a que se sientan alegres, más saludables, organizados e inspirados.

Me gusta utilizar metáforas que tengan que ver con la música porque la música ha causado un profundo efecto en mi vida. De ningún modo es mi intención abordarte como si fueses músico, cantante o compositor.

Piensa en todas las canciones que no están siendo escritas ni tocadas porque aquellos que han sido bendecidos con esos talentos para crearlas, se niegan a hacerlo. Escucha tu musa interior y toca la música que estás destinado a compartir, aquella con la cual te sientes más conectado.

Debes estar preguntándote cómo descubrir el instrumento que estás destinado a tocar, aquel que es tan particular que sólo tú puedes tocarlo. Puede ser un trabajo, una carrera, un servicio. Bueno, hay muchos instrumentos que se parecen, que son tocados por mucha gente, pero nadie puede tocarlos del mismo modo que los demás. Nadie puede tocar con el mismo mensaje, intensidad y pasión con que tú lo haces. Nadie puede tocar tu instrumento, escribir poesía, diseñar programas de computación, cualquiera que sea tu talento, con la calidad y belleza que sólo tú puedes poner en tus expresiones creativas.

Tu mente y emociones responden a cada vibración y se conectan con la melodía o disonancia: ¡depende completamente de ti!

~*~

Tus talentos son melodías que combinadas con los talentos de otras personas crean una sinfonía. Trabaja para encontrar una tonada entre tus talentos y los de aquellos a tu alrededor.

~*~

La armonía se hace posible sólo cuando expresas tus talentos con tu poderosa intención, en comunión con el resto de la orquesta; cuando sumas tu verso a la canción universal. Pregúntate a ti mismo: ¿cómo sería el mundo sin esta sinfonía colectiva? La guerra, la violencia, la crueldad y el enojo provienen de la disonancia, de una falta de voluntad de sumarte a la melodía y entrenar tu mente para tocar en armonía. Esta disonancia se origina en la decisión de evadir los ensayos, la práctica de creer que estamos separados "del resto" y de no estar dispuestos a ser compasivos.

Si tienes dudas acerca de esto, entonces compruébalo por ti mismo, explorando en la historia. Averigua más, acerca de profetas, escritores y artistas que te gusten, aquellos que te inspiran. Busca ejemplos acerca de tus guías, vivos o muertos, para tener un punto de referencia respecto de todo lo que estamos descubriendo aquí. Podrías simplemente usar todos los nombres que cito en este libro. ¿Son extraterrestres? ¿Cómo vivieron sus vidas? Y más importante: ¿qué mensaje de orientación tienen para compartir con nosotros? Descubrirás que lo que tienen en común es que nunca se rindieron al miedo ni se convirtieron en esclavos de un trabajo que no amaban sólo para ganar el dinero para poder pagar sus cuentas, comer y quizás, si el tiempo lo permitía, divertirse un poco y utilizar sus talentos.

Podemos enfermarnos sólo por pensar en ser alguien que no somos en verdad. Estos grandes maestros son tan famosos porque entraron en este mundo y abrieron las posibilidades para el amor, la belleza interior y la unidad para las generaciones venideras. Siguieron sus sueños, aprendieron cómo usar sus valiosos talentos para dominar sus vidas, usaron sus dones para construir e inspirar, para expandirse y alcanzar el corazón de millones de personas como tú y yo.

¿Alguna vez dudaron de compartir sus talentos con nosotros? Estoy seguro que sí. Sin embargo, ellos persiguieron su divina contribución espiritual y eligieron vivir sus vidas con el propósito de transmitirnos sus mensajes. Los habría matado no compartirlo con el mundo. Tú puedes elegir hacer lo mismo. ¡Expresa tu música interior! ¡Déjala salir!

No somos tan diferentes a ellos. También tenemos valiosos talentos. Si los reprimimos, terminaremos vibrando en las frecuencias de la inseguridad, el stress, la depresión y la infelicidad. No hay dinero que pueda comprar los talentos con los que has sido bendecido: nadie te los puede robar o expresar mejor que tú, el don que sólo tú puedes compartir. Si piensas que es posible para alguien robar tus ideas y hacer lo que tú quieres hacer, piensa de nuevo. Esto no es una competencia, por el contrario, es cooperación. Si tus talentos están alineados con tu propósito, el Universo se abrirá para ti, y atraerás a tu vida a las personas adecuadas, a quienes bendecirás con tus talentos, en este plan grupal del que todos somos parte. Este es el proceso de conciencia en que todos somos uno.

Realmente depende de ti cómo vas a dar vida a tus sueños. Simplemente necesitas tomar las medidas necesarias y utilizar tus talentos. No esperes a mañana, empieza a hacerlo ahora mismo, aunque tengas que acomodar tus planes para hoy o aunque estés a punto de irte a la cama. Contempla los planes que vas a poner en acción para comenzar a expresar tu talento tal y como lo sueñas.

Para atraer el éxito debemos estar dispuestos a cambiar nuestros patrones de pensamiento. Si practicas algo que amas, más y más, definitivamente mejorarás. La práctica hace al maestro. A un maestro se lo llama así porque consiguió dominar su talento particular.

~*~

Deberás desprenderte de tus creencias obstinadas y conectarte con la fuente de amor del Universo. Puede que incluso necesites desarmar todo tu sistema de creencias y valdrá la pena, porque no existe sentimiento más satisfactorio que el de vivir libre del ego y las limitaciones, descubriendo el verdadero potencial de tu ser.

~*~

Aborda tu propósito. Tú ya sabes que existe un propósito por el cual estás aquí en este momento. Escribe tu verso en la maravillosa canción de todos los tiempos, contribuyendo a la sinfonía uni*versal*.

Ejercicio Espiritual 4

Escribe una lista de *talentos* y explica en ella cómo cada uno de ellos se relaciona con tu misión, con tu llamado, con el deseo de tu corazón de servir, con tu propósito. Luego confecciona una "receta de 24 horas" para transformar las barreras mentales (tus creencias) que interfieren con tu propósito. En ella puedes añadir afirmaciones, ejercicios de meditación y visualización y todo aquello que sientas que puede ayudarte hoy, a sentirte libre de la resistencia causada por tus pensamientos y hábitos negativos.

En otra columna escribe tus prioridades en orden de importancia, las cosas que sientes que son más importantes en tu vida. Explora tus sentimientos mientras atraviesas este proceso y medita acerca de lo que puedes hacer *ahora* para alcanzar los objetivos citados.

Comienza a manifestar tu propósito actuando de acuerdo a él. Habrá muchas oportunidades de que alcances todo aquello en lo que te enfoques. Disfruta cada momento de ese proceso.

Visualiza tu trabajo perfecto, haciendo lo que más disfrutas hacer. Piensa en qué te gustaría compartir con la humanidad.

Busca un espacio en tu casa, en donde te sientas en paz; siéntate allí, haz algunas respiraciones y cierra tus ojos. Intenta visualizarte utilizando cada uno de estos talentos en comunión con tu propósito.

Lee esta lista todos los días al despertar y antes de ir a la cama.

Explora el poder de tus talentos, haciendo uso de ellos, hoy.

Capítulo 5

El Poder de la Gratitud

"La naturaleza está llena de genialidad, llena de la divinidad; de manera que ni un copo de nieve escapa a su mano creadora."
Henry David Thoreau

Fíjate que la calidad de tus pensamientos depende sólo del modo en que enfocas tu atención cuando se trata de tu propósito. Cuanto menos atención pones en tu propósito, mayores son las chances de tener pensamientos de baja vibración. Cuanto más te enfoques, mejor te sentirás, de inmediato.

¿Qué te gustaría lograr hoy? ¿Qué puedes hacer para disfrutar de cada momento de este regalo de la eternidad que llamamos "hoy"?

Eres una magnífica creación. ¡Todos lo somos! Muestra

un poco más de sincera gratitud al servicio y la belleza de otros. Todos necesitamos gratitud. Puede que te haga sonrojar decirle a alguien lo que te agrada de ellos. No te cuesta nada compartir algunas palabras sinceras, que harán que el receptor sienta la energía inspiradora en sus vidas que puede, incluso, durar años. No sabes qué puede estar pensando un empleado detrás de un mostrador pero puedes apreciar sus ojos, su vestuario, su sonrisa, su cabello, el servicio que presta, etc. Si expresas tu conexión con esa persona, a través de tu gratitud estarás contribuyendo a incrementar su entusiasmo por sentirse mejor. Además, siempre tendrás garantizada una sonriente bienvenida a ese lugar. Si puedes enfocarte en aquello que te gusta, en lugar de en lo que te disgusta, el poder de tu gratitud hará el resto y bendecirá tu *hoy* con alegría.

La gratitud te conecta con la energía suprema de la sinergia –cooperación entre almas para alcanzar algo de un modo sublime-. Expande tu conciencia acerca del amor que puede aún despertar en todo y en todos. Cada día puede ser una oportunidad para que mejores este poder, sólo por ponerlo en práctica. Puedes comenzar diciendo: "Gracias Dios, éste es un gran día, gracias por esta oportunidad de amar nuevamente." O di lo que sea que quieras decir, con verdadera gratitud.

~*~

Sabes que será un hermoso día, porque elegiste que así sea. Si comienzas cada día con gratitud, te será mucho más fácil alcanzar el estado mental que te permita pensar en consonancia con lo que eres, un ser maravilloso.

~*~

La clave para sentirte mejor y descubrir mensajes de crecimiento es utilizar el poder de la gratitud. Expresando tu gratitud hacia cada contribución que recibes para tu expansión, estarás en sintonía con todo lo que te rodea. Tu felicidad deriva de ese nivel de gratitud.

Cuando aprecias algo, tu energía espiritual se expande con aquello que estás apreciando. Todos tenemos acceso a este poder. Levántate y aprecia el simple hecho de que puedes respirar, mirar al cielo, dejar que los rayos del sol acaricien tu rostro, sentir la bendición de tener un día más para soñar, proyectar y avanzar por tu sendero con propósito.

Está exclusivamente en ti la posibilidad de usar tu poder de gratitud para con todo lo que te relacionas, ya que en cada lazo que te une a una experiencia, hay un conocimiento que te honra. Agradece cada día y vívelo sin juzgar. Agradece el conocimiento que te brinda, aunque en aquel instante no encuentres un mensaje de armonía. Hay más sabiduría en tu camino de la que tú puedas imaginar. Está totalmente en ti el poder apreciar todo aquello que nos enaltece, como alimento para avanzar en el sendero de la libertad y la realización.

Cuando inviertes tiempo en estar en armonía con la fuente divina, sintiendo gratitud por todo lo que posees y por el maravilloso conocimiento al que puedes acceder, la orientación se hará presente para asistirte en tu proceso de realización, elevando tus vibraciones hacia la felicidad.

Si te enfocas sólo en aquello que aprecias en otros, encontrarás el modo de atraer la paz necesaria como para evitar las batallas del ego y la manipulación.

~*~

Cada vez que te conectas con gratitud a tus sentidos, a tu mente, cuerpo y espíritu y sonríes apreciando su importancia, tu sistema inmunológico produce la energía necesaria para mantenerte fuerte, saludable y activo.

~*~

Practica la gratitud, incorporando sensaciones de alegría y satisfacción a cada situación de tu vida cotidiana. El ayer quedo atrás y es parte de tu historia personal, no puede condicionar tu realización espiritual. Ya no eres el mismo de ayer, porque ya dejaste de vivir ese día. Juzgarte o juzgar a otros por ese ayer no te aportará ningún conocimiento necesario para tus siguientes pasos en esta aventura que has elegido. Intenta apreciar, en lugar de juzgar. Lee con atención la siguiente pregunta y medita una respuesta sincera, aquella que resuene en tu espíritu: ¿Qué preferirías hacer? Juzgar lo que te disgusta de alguien o apreciar aquello que te gusta?

No hay nada bueno en enfocarnos en lo que nos

disgusta. Sin embargo, podemos aprender que si nos disgusta algo en alguien, es porque también nos disgusta eso en nosotros mismos. Comienza por actuar de acuerdo a lo que eres, un ser naturalmente poderoso y cariñoso. Permítete sentir compasión desde tu espíritu sin juzgar y observa la transformación de tus pensamientos. La otra persona puede continuar actuando del mismo modo que antes, pero tú serás diferente, estarás sintiéndote inspirado y moviéndote desde otro enfoque.

Cualquiera sea la cosa que puedas apreciar, no importa qué tan pequeño te parezca, es más constructivo que cualquier crítica que puedas hacerte a ti mismo o a los demás. Asume responsabilidad en tu proceso de evolución. Libérate de juzgar controlando tu ego. Estamos aquí juntos para dar y recibir talento y sabiduría, para crecer juntos, para enriquecernos espiritualmente unos a otros.

~*~

Las pequeñas cosas por las que estás agradecido, como un vaso con agua, una fruta o la comida en tu refrigerador, pueden recordarte cuán rico eres.

~*~

Si aprecias quién eres estás apreciando a Dios, la divina fuente. Respira hondo y aprecia la energía que está alimentando no sólo tus pulmones sino cada órgano que depende de esa transformación energética que ocurre con cada inspiración.

Nútrete y respétate, para aprender a nutrir y respetar a otros.

Aprecia que el universo tiene ahora mismo un lugar para que tus deseos se materialicen y está dándote la oportunidad de que lo experimentes, para que lo puedas hacer realidad.

Podría ser un perro en la calle, con el que te tomes un momento para jugar, o una hermosa imagen en una pintura o escultura, que despierte tu deseo de expresar tu propio arte; un extraño que te sonríe, una paloma comiendo las sobras de tu emparedado o una ardilla que se divierte jugando con otra, cosas que te hagan reír y te hagan cambiar tus pensamientos por otros mejores.

Estás atrayendo todo esto a tu campo visual pero si disminuyes tu nivel de energía y permites que pensamientos de depresión, enojo o preocupación se apoderen de tu mente, toda esa belleza desaparecerá de tu vista y sólo podrás ver cosas que se correspondan con aquello en lo que enfocas tu atención.

~*~

Conócete y vislumbrarás el cielo. Sólo necesitas rendirte al milagroso flujo del Universo.

~*~

El gran filosofo Cicerón (106 AC - 43 AC) dijo una vez: "La naturaleza misma hace rico al hombre sabio."

Utiliza tu sorprendente capacidad para ver sólo aquello que reluce y te ilumina. Todo está rodeado de luz, un aura que se expande más allá de las formas físicas. Conéctate con todo lo que brilla a tu alrededor, el sol, la luna, las estrellas, los ojos de un extraño, una flor. Existe tanta belleza dentro tuyo y a tu alrededor, que si tan sólo observaras y te conectaras, serías capaz de fundirte en el flujo de esta ola de *sincronicidad*.

Thoreau una vez escribió que su profesión era encontrar a Dios en la naturaleza, lo cual en verdad hizo, al retirarse a vivir una vida austera en el bosque. El sabía cuán poderosa es la fuerza vital que resuena desde la naturaleza:

"Fui a los bosques porque quería vivir deliberadamente, enfrentar sólo los hechos esenciales de la vida y ver si podía aprender lo que ella tenía que enseñar, no sea que cuando estuviera por morir descubriera que no había vivido. No quería vivir lo que no fuera la vida; ¡es tan hermoso el vivir!; tampoco quise practicar la resignación, a menos que fuera absolutamente necesario. Quise vivir profundamente y extraer toda la médula de la vida, vivir en forma tan dura y espartana como para derrotar todo lo que no fuera vida, cortar una amplia ringlera al ras del suelo, llevar la vida a un rincón y reducirla a sus menores elementos, y si fuera mezquina, obtener toda su genuina mezquindad y darla a conocer al mundo, o si fuera sublime, saberlo por propia experiencia y poder dar un verdadero resumen de ello en mi próxima travesía"[5]

---

[5] Extracto de "Walden" de Henry David Thoreau (1864)

Ejercicio Espiritual 5

Aquí va tu primer ejercicio para conectarte con tu ser interior:

Comienza tu día con gratitud. Aprecia tu cuerpo, tu mente, tu sabiduría espiritual, tu habilidad de disfrutar de este día conectándote con todo y todos aquellos que encuentras en tu camino. Siente la calidez y el amor que se desprende de todo lo que ves a tu alrededor.

Enfoca tu atención en el mundo que te rodea, en las chispas de luz de todos aquellos con los que entras en contacto. Comparte tu sincero agradecimiento hacia sus contribuciones, hacia tu experiencia en este planeta, recordando que todo a tu alrededor es perfecto. Confía en tu poder de apreciar cada oportunidad y sin dudas obtendrás lo mejor de cada una.

Ofrécete como voluntario en algo que te haga sentir bien y disfruta experimentando el poder de la gratitud, mientras haces cosas por quienes lo necesitan.

Hazte el hábito de decir con sinceridad "Gracias, es usted muy amable", recodándole a las personas que eres conciente de sus contribuciones.

Ejercita el hacer cumplidos para elevar la energía de quien los recibe. Expresa tus cumplidos desde tu corazón, mientras descubres lo que te agrada de cada persona que conoces. Puede ser el color de su camisa, sus ojos, su sonrisa, su voz, su cabello, sus ideas, su entusiasmo o su belleza en general.

Agradece tu salud: despierta con el sonido de una bonita pieza de música, respeta tu cuerpo en el gimnasio, come saludablemente y cierra tus ojos para relajarte cuando tengas pensamientos estresantes. Recuerda que el estrés proviene de un patrón de pensamiento y siempre puedes cambiar tu modo de pensar.

Capítulo 6

El Poder de la Voluntad

"Haciendo lo que tememos, matamos nuestro temor"
Ralph Waldo Emerson

Lo único que puede detenerte en este Universo son tus propios miedos, pero los miedos también pueden ser grandes impulsos para fortalecernos. Si dejamos que nuestros miedos se vuelvan intimidantes, la esperanza puede debilitarse y el poder de voluntad no manifestarse. Si el miedo se convierte en tu emoción básica y tus dudas se fortalecen, tu percepción de las dimensiones del entorno se verá alterada. Nuestra percepción de la realidad depende de la manera en que nos aferramos a nuestro sistema de creencias.

No podemos cambiar a los demás pero podemos estudiarnos a nosotros mismos, para reconocer nuestros propios miedos y utilizarlos en la auto-superación. Todas las emociones cobran poder con cada uno de nuestros pensamientos. No importa si te levantas "pensando en positivo" y te vas a la cama de la misma manera, si tus sentimientos no se corresponden con ese estado de positivismo. Son tus emociones las que, ensambladas a tus pensamientos, decretan tu estado de conexión con el Universo. De nada sirve decir: "yo pienso en positivo" si en realidad esa afirmación esconde muchas dudas y miedos que no tienes la voluntad de afrontar. Tienes que encontrar el mensaje detrás de tu falta de confianza en ti mismo.

Las dudas y los miedos pueden definitivamente servirnos para encontrar la manera de estar preparados para cualquier desarrollo que necesitemos hacer. Cuantos más miedos y dudas tengas, más oportunidades tendrás de superarlos. Si inviertes tu energía en observar la manera en que los miedos acosan tu poder de voluntad, cada vez que te sientas invadido por imágenes, pensamientos y emociones perturbadoras, ampliarás tu campo de atracción sobre las infinitas posibilidades para trascenderlos. Recuerda que tu espíritu necesita enriquecerse de la energía del entorno para mantener la calma y el equilibrio emocional.

Capta en tu memoria alguna imagen bella para luego poder ver cómo tus emociones se manifiestan en tu entorno. Siempre que estés condicionado y limitado por tus propias creencias embebidas en drama, tienes que pisar fuera de ese círculo denso y conectarte con la energía de algo bello que lo contrarreste, para poder atraer una nueva visión más amplia.

Hay que tener mucho cuidado y poner mucha atención, ya que es fácil perder el enfoque cuando dejas escapar una oportunidad, por permitir que tus dudas se apoderen de ti, bajando tu energía a vibraciones densas de desconexión con el flujo divino del Universo.

Si trabajas para reconocer tus propios mecanismos de negación encontrarás el modo de enfrentar tus miedos, para vivir en paz con todo lo que te rodea. Mientras sepas lo que quieres, sabrás lo que necesitas. Serás capaz de eliminar la idea del fracaso y las dudas, porque confiarás en que todo ocurre de acuerdo a las oportunidades que tú mismo atraes para desarrollar tu potencial. Si utilizando el poder de la intención cambias tu manera de comprender a tus miedos y te animas a trascenderlos, tu poder de voluntad estará listo, siempre y cuando le dejes fluir. Los miedos pueden impulsarte a trascender las barreras que te has auto-impuesto. Úsalos como combustible para activar tu poder de voluntad y realizarte como el ser capaz que eres en el proceso de incrementar tu auto-estima y tu confianza en ti mismo, que son tan necesarias para manifestar tu propósito.

Hay una historia grandiosa acerca de mi mamá y yo que me gustaría aplicar para mostrar cómo el miedo puede ser útil para desarrollar el coraje.

Crecí en un pueblo con un gran río. Mi mamá, no

obstante, le teme al río. Nunca aprendió a nadar y mi abuela, su madre, compartía el mismo miedo. Desde que era una niña, mi madre nunca logró convencerse de aprender a nadar; en su lugar, siempre decía "yo respeto el río".

Todavía puedo escuchar la voz de mi mamá diciéndome cuando era un niño, "¡quédate donde pueda verte! No dejes que el agua sobrepase tu pecho". Ella proyectaba sus miedos en mí y llegué a compartir su miedo al río. A mis 14 años de edad intenté tomar lecciones de natación, pero como lo esperaba, mis miedos eran demasiado poderosos aún. Abandoné las clases y explorando más acerca de mi propia limitación, opté por cambiar mis pensamientos y pedí ayuda desde el centro de mi ser, algún tipo de dirección para poder dominar ese terror a morir ahogado. Días después en una película, como dictado para mi, encontré un hermoso mensaje que llamó mi atención: "si cada vez que encuentras algo a lo que le temes, lo enfrentas, muy probablemente lo venzas".

Todos sabemos que esto es mucho más fácil de decir que de hacer. Cuando la película terminó, y sin poner ningún tipo de atención a mis dudas, que seguían presentes pero incapaces de vencer a mi voluntad, corrí al parque que estaba a la vera del río. Las sombras de la noche parecían moverse tenebrosamente, el reloj se acercaba lentamente a la medianoche y el silencio practicaba una melodía desafiante.

Me tomé muy seriamente la idea de conquistar mis miedos, mi miedo a la soledad, a la noche oscura y al río desafiante. Salté y comencé a chapotear con mis brazos hasta que estaba definitivamente nadando. No podía ver la costa ni hacia adonde me dirigía. Pasaron alrededor de diez minutos y repentinamente golpeé algo de una forma y densidad misteriosas. Me estaba muriendo de horror. Nadé más rápido que un campeón mundial. Estaba en la costa probablemente dos minutos más tarde y pensé: "realmente respeto al río".

Durante las próximas semanas, el chapuzón de medianoche se hizo parte de mi rutina. El río y yo encontramos mutua admiración. Hasta comencé a disfrutar la belleza de la luna reflejándose sobre el agua, el misterio de las cosas en el agua con las que mi cuerpo se topaba mientras nadaba y del placer de entender que había enfrentado un gran desafío, quizás uno que involucraba un recuerdo desagradable de una vida pasada.

No dejé de relacionarme con el miedo, con el profundo silencio de la noche y el agua, con las espeluznantes sombras en la costa y con las cosas que encontraba en mi camino, que aún no sé si eran ramas flotantes o extrañas criaturas. Pero era yo quien había cambiado. Era mi intención que se había manifestado. Me mezclé con el espíritu del río. Me entregué a él y respetaba cada partícula porque sabía que ése era el único camino para superar mi miedo, el enfrentarlo con mi voluntad.

Lo que yo no sabía aún era que atraería a mi vida desafíos más grandes e importantes y que debería enfrentar otros miedos que aún ni siquiera sabía que tendría. Créeme:

¡estoy seguro que estuve bastante cerca de ahogarme alguna de esas noches!

Miedos Productivos

En cada desafío yace el regalo del autoconocimiento y la propia conciencia con la que somos bendecidos cuando nos llega la ocasión. La belleza en esto es que no importa a qué le temas: puedes utilizar y transformar tu miedo en lo que yo llamo un "miedo productivo".

Donde existe un estado de temor, también hay un estado de conciencia trascendental que produce una sensación paralela de tranquilidad. Está bien tener miedo, nuestro sistema orgánico y energético nos advierte acerca de un posible peligro. El miedo prepara el cuerpo para la acción. Inicialmente se puede pensar que algunos miedos provienen de un desgaste energético y una construcción de la imaginación que se basa en ideas de que estás a la defensiva, ya que es posible que los miedos conduzcan a debilitarte, atrayendo una sensación de desamparo. Si uno se cultiva espiritual y físicamente, entonces comprende que cada uno de estos miedos es introducido por nuestro sistema de emociones para ser enfrentados en lugar de ignorados. Para alertarnos acerca de la existencia de una discrepancia entre lo que queremos atraer y lo que estamos atrayendo en realidad. No existe la ignorancia en el despertar absoluto de la conciencia: sólo hay realización de los cuerpos que formamos en busca de una unidad.

Si estás de camino a una entrevista de trabajo y te sientes incómodo y ansioso, pregúntate: "¿Qué estoy pensando? ¿por qué estoy dándole poder a alguien que está detrás de un escritorio mientras pierdo mi confianza en mi mismo?". Estas son alarmas de tus propios miedos sobre el posible hecho de que no estés bien preparado para la entrevista. Sería verdaderamente inútil no tomar la oportunidad para atraer un estado de vibración superior para enfrentar el miedo y elevar tu nivel de seguridad. Sólo así la confianza tomará el lugar más importante de la entrevista que todavía no se ha presentado y podrás atraer aquello que tú consideras éxitos y descartar lo que consideres fracasos.

Cada miedo es productivo porque brinda la oportunidad de activar tu confianza en ti mismo y desarrollar tu voluntad. Tienes dentro de ti el poder de realizar aquello que realmente te propongas. Tienes la voluntad de disipar cualquier miedo que se te presente. Lo único que te detiene es tu propia resistencia al cambio. La superación de tus miedos sólo es posible tomando la responsabilidad de que eres tú quien les da el poder sobre tus acciones. Sea lo que sea que quieras hacer, hazlo hoy. Responde al llamado de hacerlo cuando la oportunidad se presenta en tu campo de atracción.

Haz algo que desees hacer pero te atemorice. Recuerda que siempre estás atrayendo las oportunidades que más te sirven para superar aquellas actitudes que has empleado a lo largo de tu vida como barrera para lograr tu desarrollo personal y espiritual. Cuando estés decidido a enfrentar tus miedos comprenderás su esencia, que tiene sus raíces en la propia imaginación. Todo lo que imaginas puede llevarte a fortalecer tu coraje, por lo tanto, no te dejes llevar por el pesimismo. Por el contrario, haz uso de la energía de tu voluntad y confía en ti mismo y en las guías divinas que has encontrado a lo largo de tu sendero. La mayor oportunidad de aprendizaje es a través de experimentar aquello que más temes.

Intenta conectarte con la gran fuente, con las frecuencias más altas de conciencia. Sé consciente de que tu miedo está allí para enseñarte algo. Cada miedo que experimentas, tú lo has atraído a tu propia vida para aprender más acerca de tu poder de voluntad y tu capacidad de alcanzar tus metas. Utiliza tu energía para escuchar tus dudas y para responderles que estás a salvo, con convicción en lo que realmente quieres y listo para conseguir ese trabajo o para comenzar con esa relación o para cambiarte de país. Ríete de tus inseguridades, de tus miedos. Ve al espejo y transforma ese miedo en una cara divertida y ríete un poco más, hasta que te sientas mejor.

Cada vez que te sientas temeroso de algo, siéntate y haz lo que yo llamo una "búsqueda inteligente" hasta que descubras el pensamiento que te brinde la sensación de seguridad y confianza que necesitas para ganar el control de la situación. Recuerda siempre que tanto lo que piensas como lo que temes, se manifiesta.

Si tienes miedo de amar a alguien porque piensas que una vez lo hiciste y "perdiste" a esa persona, continuarás atrayendo la misma experiencia una y otra vez. Hasta que descubras que eso no es amor. El verdadero amor no tiene límites. El amor que te deja sintiéndote exhausto no es realmente amor sino la ilusión del amor. Teniendo miedo de amar verdaderamente, estás atrayendo desilusión, drama y más miedos porque has evitado usar el poder de tus pensamientos para cambiar tu enfoque acerca del concepto de "amor" al que te refieres. Cambia tu atención y el miedo se vuelve un motivo para atraer esa relación y para ser capaz de crecer amando, a través de tu voluntad.

La única manera de entender el mensaje escondido en nuestros miedos es enfrentándolos. Habla con ellos. Observa el mundo imaginario detrás de ellos. Observa todo como si estuvieras fuera de tu cuerpo y luego activa tu poder de voluntad para prepararte a conquistar tu sentimiento de incapacidad. Haz lo que sea que funcione, pero ¡enfréntalos y elimínalos!

Toma conciencia de tus propias barreras mentales y límites imaginarios. Una vez que hayas notado tu pereza para llevar a cabo tus objetivos, tendrás la oportunidad de tomar una decisión diferente, de actuar con entusiasmo, para cambiar la manera de hacer aquello que deseas hacer, empleando el poder de tu voluntad.

Si aún sientes que tu acción está envenenada por el miedo y tu incapacidad de actuar ha tomado el mando nuevamente, tómate un momento para descansar, respira profundo y relájate tanto como puedas.

Recuerda todos los poderes que posees. Conéctate otra vez en todo lo que brilla a tu alrededor y toma la decisión de proceder con tu voluntad. Porque decidir no utilizar las lecciones que pueden brindarte tus miedos sería desperdiciar tu potencial para progresar hacia la vida que deseas vivir.

Ejercicio Espiritual 6

Recuerda que en la raíz de tus creencias están las barreras que han condicionado tu maravilloso potencial; si cambias tus creencias y tus pensamientos, cuando están envenenados de mentiras, podrás usar fácilmente tu poder de voluntad y descubrir cuan privilegiado eres.

Ejercita tu fuerza de voluntad haciendo AHORA las cosas que siempre quisiste hacer pero postergaste poniendo excusas. Hay algo que siempre puedes hacer, por pequeño que parezca, para superar tus miedos en dirección a tus objetivos más importantes. Haz lo que necesites para actuar, una vez más, enfrentando cada miedo, a medida que vayan surgiendo y conquistándolos uno a uno.

También puedes cerrar tus ojos e imaginar la barrera entre tú y tus metas. Imagínate transformando esa barrera en escalera y comenzando a subirla.

Rompe con la ilusión aplicando la técnica de prepararte para la acción. Prepárate mental, espiritual y emocionalmente del mejor modo posible. Cuando estés listo, ¡actúa!

¡Utiliza tus miedos! Deja que te impulsen hacia el crecimiento, más fuerte y más sabio.

Capítulo 7

El Poder de la Pasión

"La felicidad de un hombre en esta vida no consiste en la ausencia sino en la maestría de sus pasiones."
Lord Alfred Tennyson (1809 - 1892)

¿Recuerdas ese dicho popular que, cuando niños, nos enseñaban: "No dejes para mañana lo que puedas hacer hoy"? Comienza tu auto-realización viviendo y respetándote como alguien que desea avanzar hoy, hacia una conciencia superior.

No dejes para mañana lo que puedas hacer hoy. Cada vez que postergas algo, te pierdes la oportunidad de encontrarte con las maravillas de la vida, de acceder a un mundo de posibilidades para sentirte tan feliz como siempre has deseado. Comenzarás a atraer las oportunidades de disfrutar de la vida tan pronto decidas desapegarte de los resultados y comiences a sentirte entusiasta a cada segundo de tu presente.

Carpe Diem! Aprovecha el día y no postergues. El *Ahora* es todo lo que tienes.

Cuando descubras que no hay necesidad de buscar la aprobación de otros, podrás desapegarte naturalmente de los resultados y disfrutar de cada momento de tu experiencia de compartir, sin esperar recompensas a cambio. La recompensa la recibes en cuanto expresas tu verdadero propósito.

Experimentando la alegría de expresar tus dones, ya estás atrayendo lo que deseas. Quitando tu atención de los resultados, estarás alcanzando parte de tu objetivo. Somos una mezcla de emociones fuertes, de modo que tan sólo un segundo de sentirnos fracasados puede nublar nuestra visión. Así es como alguien cae en las bajas frecuencias que comenzarán a atraer frecuencias similares. Es tu modo de sentir, lo que mantiene a las señales expandiéndose y atrayendo otras similares. Si deseas tener un día maravilloso hoy, no desperdicies tu energía, no envenenes tu poder cocreativo enfocándote en cosas que no deseas. No te contradigas a ti mismo enviando los mensajes equivocados. Sé claro y confía en tus valores y tu propósito, para ser bendecido con las experiencias que deseas atraer. Siéntete bien al respecto. ¡Sólo se trata de sentir pasión!

En la sabia filosofía Tolteca, el Ángel de la Muerte es

aquel que está siempre cerca de nosotros, asistiéndonos y enseñándonos a valorar la vida.

La muerte ya ganó la partida, no es necesario esforzarse por vencerla. El ángel de la muerte siempre está enseñándonos que cuando llega el momento de la transición estará listo para guiarnos. En ese viaje no podemos llevar absolutamente nada material, sólo las energías de nuestro campo vibratorio. Por eso, es importante tener relaciones prósperas, relaciones en donde aportemos lo mejor de nosotros mismos, para avanzar hacia nuestra realización y en donde nuestras energías produzcan vibraciones cada vez más acordes con nuestro propósito.

No debemos ignorar la sabiduría que se esconde detrás de esta imagen. El temor a la muerte es natural, mientras notemos que este temor cesará en cuanto comencemos a disfrutar cada día y a expresarnos del mejor modo posible hacia todo lo que nos rodea. Aquí yace la clave para vivir una vida llena de entusiasmo: decidir lo que en verdad deseas hacer. Explórate:

¿Cuáles son las cosas que siempre has deseado hacer?

¿Qué es lo que más disfrutas hacer?

¿Qué clase de actividades has dejado de hacer y siempre lo has lamentado?

No puedes atraer amor haciendo cosas que no amas hacer. Decide lo que deseas atraer y comienza a vivirlo. Comienza a hacerlo con tu corazón y tu cuerpo. Pide orientación y observa lo que sucede alrededor de ti. Recibirás la respuesta que te conducirá a invitar al poder de la pasión para dirigirte adonde tu desees con la ayuda de tus talentos.

Si siempre quisiste aprender a tocar un instrumento: ¿qué estás esperando? Comienza a manifestarlo ya mismo, disfrutando la sensación de verte a ti mismo haciéndolo. El arte de la visualización es muy poderoso. Cree que puedes alcanzar este objetivo. Si siempre deseaste expresar tu creatividad haciendo algo artístico, comienza a manifestarlo ahora, tomando algunas lecciones. Sólo podrás lograrlo confiando en tus capacidades y creyendo que no hay ninguna barrera más allá de las que tú mismo creas, con tus creencias y emociones.

Tus talentos no deben ser abandonados, no deben ser ignorados. Todo depende de que tomes la decisión sin ignorar a tu *Ángel de la Muerte* que siempre está alentándote para que no abandones tu propósito. Cada día que pasa sin que lo hagas es un día más que te pierdes de disfrutar la magnífica experiencia de hacer brillar tu alma, de convertirte en el alquimista de tu propia vida, de experimentar tu realización personal.

Esta enseñanza trascendental nos ayuda a manifestar nuestros talentos fácil y naturalmente desde muy temprana edad, para que así podamos trascender nuestras propias limitaciones y progresar en el uso de nuestros talentos.

El entusiasmo es la clave para la manifestación de tus sueños más elevados. Si ocupas tu mente en vivir la vida con pasión, aprenderás a disfrutar de todo lo que te rodea y trascenderás el apego a las posesiones.

~*~

La pasión te guía a vivir la vida en armonía. Nadie puede prohibirte disfrutar de ese sentimiento sagrado dentro de ti, cualquiera que sea tu objetivo. Visualízalo como si estuviera sucediendo en este mismo instante. Utiliza tus sentidos para manifestar la sensación de estar viviendo ese sueño. Mantén la visión y esfuérzate en sostenerla. Y, lo más importante, sonríe como si realmente ya lo hubieras logrado.

~*~

La pasión es necesaria en cada emprendimiento para lograr lo que sea que estemos necesitando para crecer espiritualmente.

Con cada paso y cada experiencia que atraes, estás desafiando tu potencial. Tus talentos se fortalecerán a medida que los utilices. Cambiando viejos hábitos, serás capaz de despertar tu potencial creativo y disfrutar de tu vida con pasión. Desafía tu rutina y descubrirás que la práctica hace al maestro. Ejercita tu poder creativo y expandirás tu talento atrayendo sincronicidad en tu aventura cotidiana.

Si dejas para el improbable mañana, aquello que tienes la capacidad de hacer hoy, existen altas posibilidades de que te arrepientas. Mientras que si disfrutas al máximo de cada momento, no hay manera de que gastes energía en pensar en las cosas que no pudiste hacer, dado que intentaste todo lo que pudiste y si lo hiciste con pasión, entonces estarás totalmente satisfecho y le habrás sacado muy buen provecho a toda tu experiencia en esta vida.

Aquello por lo que luchas cada día es la respuesta a la interacción entre lo que sientes y el modo en que eso genera tu realidad... Tus sentimientos pueden limitar tus percepciones.

Para incrementar tu nivel de percepción de un modo amplio y luminoso, debes enfocarte en la luz del sol y todas las estrellas que tienes la capacidad de ver; esto te dará una perspectiva de la infinitud de la fuente. Permítete ver todo aquello que atrae belleza hacia ti y hacia lo que te rodea. *¡Carpe Diem!*

Es invaluable poder hacer lo que deseamos, en el momento en que lo deseamos, con libertad y sin sentirnos obligados a nada. El Ahora es la clave del mañana, pero el mañana es una constante improbable. ¿Cuán diferente sería el mundo si fuéramos capaces de vivir cada día con pasión? Descubriríamos cuánto hay aún por hacer, cuán precioso es un sólo día y qué maravilloso es disfrutarlo plenamente. Así, al final de cada día, cuando se llega al momento de reflexionar y meditar sobre el día vivido, nos regocijamos sobre todo lo que se hizo, en lugar de preocuparnos por lo que no pudimos hacer. Y más aún, esperaremos con entusiasmo el próximo día y las sorprendentes oportunidades que vendrán.

Nada puede desviarte de tu camino interior, a menos que tú lo permitas. Eres responsable de cualquier desvío. Recuerda que los accidentes sin significado no existen. Cada accidente nos enseña algo relacionado al cambio.

Eres el director de tu propio film, de tu aventura, y sólo tú puedes elegir con quién compartirla. Contagia tu pasión por lo que haces, comparte tu sonrisa y mantente enfocado en las experiencias que te conduzcan a crear algo nuevo.

Mantente fuerte y confía en tu camino físico y espiritual. La inspiración llegará cuando permitas que tu propósito te guíe. Pasión y Espíritu son la receta perfecta para desarrollar tu propósito.

La magia de utilizar tus talentos te conducirá a inspirar a otros y, cuando menos lo esperes, aquellos con quienes interactúas estarán vibrando en frecuencias similares de realización espiritual, en comunión contigo. Podrás ver que muchos se sienten felices de haber atraído a sus vidas el éxito de compartir sus dones contigo. Te darás cuenta así de que el trabajo en equipo genera apertura de conciencia en enormes escalas.

Michael Jordan dijo: "Con talento se ganan partidos, con trabajo en equipo e inteligencia se ganan campeonatos." Aplica esto en todas tus relaciones.

Ejercicio Espiritual 7

Comienza tu día con una gran sonrisa, agradeciendo por todo lo que eres y todo aquello que posees. Di desde el momento en que despiertas "hoy me siento entusiasta, es un día maravilloso. Estoy invirtiendo mi energía en elevar mis sentimientos de felicidad. ¡Es un día perfecto! ¡Vivo con pasión!"

Conéctate con tu poder creativo interior. Siente tus talentos y exprésalos tanto como puedas. Estudia lo que desees aprender, explora los recursos de este sorprendente Universo.

Desapégate de las opiniones de los demás. Nadie es responsable de tus actos. Elige confiar en ti mismo y actuar de acuerdo a tu propósito. Nadie puede debilitarte a menos que tú lo permitas.

Capítulo 8

El Poder de la Belleza

"Es difícil decir que es imposible, porque el sueño de ayer es la esperanza de hoy y la realidad de mañana."
Robert H. Goddard

Nuestra naturaleza es una con todo el Universo. Acepta este hermoso cosmos como parte del pequeño cosmos que existe dentro de cada uno de nosotros. Somos el Universo, en miniatura.

La brillante energía de la fuerza vital se refleja en la belleza de todo lo que existe. Agradece esta belleza e invítala a entrar en tu vida. La naturaleza es una expresión del diseño de Dios y está allí para nutrirte.

Si deseas experimentar amor y compasión, debes ser amoroso y compasivo. Cuando te quejas acerca de estar excedido de peso o demasiado delgado o acerca de no tener el tipo indicado de nariz o la masa muscular que te gustaría, estás ignorando tu belleza interior.

La belleza sólo puede alcanzarse dándole vida a nuestra belleza interior. Los pensamientos que te conducen a compararte con otros, en cuanto a belleza física, son pensamientos que no son útiles para ti porque disminuyen tu energía y te impiden enfocarte en el ser maravilloso que eres.

Comienza cambiando el modo en que piensas acerca de tu cuerpo, ya que éste no se encuentra separado de tu mente. Te conviertes en aquello en lo que piensas. Tú creas tu realidad con cada uno de tus pensamientos.

En tanto te ames a ti mismo atraerás las oportunidades para nutrir tu cuerpo con un estilo de vida saludable. Entenderás la importancia de disfrutar del ejercicio diario y de comer con alegría y moderación. La clave está en la calidad de tus pensamientos. Si cambias el modo en que siempre has pensado en tu cuerpo, tu imagen física también cambiará ante tus ojos. Es así de simple, sin embargo requiere de un tipo de atención que implica una sensación de "Soy bello" como ingrediente secreto. Sé consciente del ser hermoso y amoroso que eres y compártelo.

Incluso cuando no puedas ver belleza en alguien, allí está, porque la belleza existe en todos nosotros. Algunas personas pueden decir que no pueden ver belleza en ti, pero aún así eres bello, más allá de las opiniones ajenas. El desapego de la opinión ajena es una práctica diaria, hermosa y necesaria, para abrirte camino hacia tu valioso ser interior. La confianza en ti mismo es un gran paso en el desarrollo de un estilo de vida saludable. No necesitas que nadie te diga cuán bello eres, porque tú ya lo sabes y porque si continúas pidiendo la aprobación de otros, tu felicidad dependerá de sus opiniones. Si piensas que no luces bien y en verdad lo crees, entonces tu capacidad de amarte se verá afectada. Como nos recuerda uno de mis más grandes maestros, Wayne Dyer: "Independízate de la buena opinión de los demás." Acepta el camino de la confianza en ti mismo y confía en tu guía interior, acerca de qué vestido usar, qué camisa elegir, qué corte de cabello luce mejor en ti o qué colores mejoran tu estado de ánimo cuando los usas en tu ropa. "Pero, bla bla bla…" Sin *peros*, no existe excusa que pueda destruir el sorprendente poder de tu belleza. Sólo respetando tu intuición podrás trascender los viejos hábitos de nutrirte a ti mismo con pensamientos y sentimientos de amor y con un estilo de vida saludable. Te divertirás mucho, confiando en ti mismo. Si comienzas a amarte, tu belleza irradiará su verdadero poder.

Sé un *pro-solucionista*

Es probable que recuerdes experiencias en las que algo que alguien dijo o hizo te lastimó mucho. O experiencias en las que sentiste que alguien había robado tu energía porque te enfocaste en lo que te disgustaba de esa persona, o en que alguien había envenenado tu campo de energía al juzgarte. Tu propio poder de atracción te pondrá a prueba repetidas veces, hasta que hayas dominado el arte de meterte en tus propios asuntos y dejar que los demás tengan sus propias opiniones sin defender las tuyas como las únicas que importan.

Ocúpate en reemplazar la idea de "mala suerte" por la idea de "oportunidad". No hay lugar para la mala suerte en este Universo perfecto. Elige aquellos pensamientos que te conecten con tu belleza interior en lugar de aquellos que te conectan con un sentimiento de *"Soy una víctima y ésta es mi colección de recuerdos para probarlo..."* Persigue los pensamientos que te brindan paz en lugar de aquellos que alteran tu campo vibratorio conduciéndote a la personalidad que has desarrollado para protegerte en caso de que alguien ponga el dedo en una herida que has dejado abierta.

Cuando alguien te dice algo que te parece ofensivo, desenmaraña tu sistema de creencias para encontrar cuál es la creencia que está interfiriendo con tu capacidad de perseguir la paz en lugar de la culpa hacia esa persona. Yo sé que nadie desea hacerse responsable por las acciones de otros, por lo tanto deberíamos dejar de creer que podemos cambiar las acciones ajenas. Elige enfocarte en la solución, en lugar de involucrarte en circunstancias que no deseas experimentar.

Si eres lo que yo llamo un *pro-solucionista,* entonces estás enfocándote en las soluciones de tal modo que los supuestos problemas dejan de existir. Nuestro ego, históricamente diseñado, nos ha enseñado por generaciones que somos mejores y más especiales que los demás. Rompe los lazos entre tus creencias y este diseño, transforma su forma hasta que el ego se convierta en una simple idea que sólo te visite cuando las cosas no sucedan como las deseabas. Esta idea te dará la oportunidad de enfocarte sólo en tu propósito, que siempre es sagrado. Puedes convertirte en tu propio escultor, modelar tu propia vida y sacar tu belleza interna, que estaba escondiéndose en el centro de lo que en algún momento parecía ser, desde tu ego, un obstáculo.

Nadie puede ofenderte, a menos que tú hayas atraído esa situación a tu experiencia creativa, con tu resistencia a ser amoroso y a aceptar las soluciones en lugar de los problemas. Todos los días tenemos la chance de transformar, como un alquimista, cualquier material en oro, cualquier sentimiento o situación, en belleza. Si actúas desde la belleza, verás que la belleza se refleja en ti.

Cuando estás conduciendo y alguien te encierra de modo violento, puedes enviar a esa persona muchos pensamientos negativos, incluso puedes aferrarte a esos pensamientos de rabia hasta que llegues a casa y descargues tu negatividad en tu pareja y tus hijos. Luego, al día siguiente sucede lo mismo y comienzas a ver que existe un patrón en ti que te brinda la posibilidad de cambiar, la posibilidad de entender y ejercitar la conexión con todo y todos los que existen a tu alrededor, sin tomarte nada personalmente.

Nadie tiene el poder de ofenderte, eres tú quien se siente ofendido y cede ese poder. Incluso en casos de violencia extrema, esa violencia no está dirigida hacia ti en particular sino que es una manifestación de las bajas energías de otra persona. Nada es puntualmente acerca de ti. Mahatma Gandhi dijo: "Cuando te enfrentes a un oponente, conquístalo con amor."

Conéctate con tu espíritu, observa lo bien que se siente actuar con amor y compasión, piensa acerca de la belleza de las coincidencias y enfócate en todas las cosas maravillosas que puedes hacer por las personas que has invitado a tu vida. Piensa en tus talentos y aférrate a ese pensamiento. Piensa en algo que puedas hacer para hacer sentir bien a otros, tal como escuchar, poner música, abrazar o ser un amigo fiel. Sonríe para ti mismo. Nadie puede impedirte expresar tu poderosa naturaleza.

~*~

Hay toda una tierra de belleza para descubrir dentro de nosotros. Ten la intención de explorar la belleza de aquellos que te rodean y aliéntalos a expresarla.

~*~

Si piensas que estás lleno de tristeza y preocupaciones, busca profundo dentro de ti, para ver que el poder del perdón puede ayudarte a liberar resentimiento y brindarte alegría e inspiración. Pon más atención a tu propia belleza, porque, te guste o no, manifestarás tus sentimientos y emociones en tu cuerpo y en tus acciones. Tu modo de sentir respecto de ti mismo es lo que condicionará todas tus experiencias.

Conectarte con tu belleza interna puede transformar tus pensamientos y alejarte de sentimientos negativos para acercarte a sentimientos de amor. Hay amor dentro de ti y conectarte con él transformará todo tu campo vibratorio. Comenzarás a sentirte a salvo, y esta sensación de seguridad transformará tu energía, para ayudarte a ser más esperanzado y receptivo. El secreto de la belleza es hacerte el hábito de la auto-confianza, para amarte más a ti mismo y avanzar hacia un estado de co-creación donde la belleza se manifieste física, emocional y espiritualmente. Goethe escribió: "Tan pronto confíes en ti mismo, sabrás como vivir."

Hay tanta belleza en ti y a tu alrededor, que si observas y te conectas con ella, recibirás la energía necesaria para poder respirar profundamente y regresar al amor, tu estado natural de bienestar.

Ejercicio Espiritual 8

Muestra tu belleza actuando con belleza. Sé consciente del ser amoroso y bello que eres y compártelo. Si actúas con belleza verás cómo la belleza se refleja en ti.

Confía en el poder de tu belleza interna siendo independiente de los comentarios y opiniones ajenas. Descubre tu modo de pensar acerca de ti mismo, ¿eres bello? Por supuesto que lo eres. ¿Estás actuando con belleza? Quizás no todavía. Ten la intención de ser claro con los cambios que consideras necesario introducir a tu vida esta semana, para transformar tu estilo de vida en un plan de bienestar, para manifestar tu belleza interna. Escribe afirmaciones acerca de los cambios que ya estás visualizando en cuanto a la meta de ser más seguro, bello e independiente de las opiniones ajenas.

Ofrece más de tu energía y belleza cuando escuches a un amigo, pases tiempo con tu familia, compartas una historia con alguien o ayudes a un colaborador.

Observa todo y a todos y encontrarás belleza. Reconoce el reflejo de ti mismo en esa belleza.

Capítulo 9

El Poder del Amor

"La libertad y el amor van juntos. El amor no es una reacción. Si te amo porque tú me amas, eso es sólo comercio, un objeto que se compra en el mercado, no amor. Amar es no pedir nada a cambio, ni siquiera sentir que se está entregando algo, y es sólo esa clase de amor el que conoce la libertad."
Jiddu Krishnamurti

¿Eres consciente del poder de tu alma? No somos menos importantes que la misma fuente de energía que originó las estrellas más brillantes. El mayor saber de todos es que a través de la eterna búsqueda de la verdad encontraremos el camino hacia la fuente interior de lo que ya *es*, el amor. ¿Qué es el amor? ¿Puedes describirlo? Sí, puedes, pero una vez que lo describes con palabras, su significado trascendental se pierde.

Sólo amando podemos experimentar el amor. Miles de poetas han intentado explicarlo y su único éxito ha sido descubrir cuán inconmensurable es. Nuestra esencia está definida en la eternidad y se funde en la unidad. La separación nace en las ideas, las limitaciones, la inconsciencia, el miedo.

Un curso de Milagros nos recuerda que hay sólo dos emociones: el miedo y el amor. "Todo miedo es pasado porque su fuente ha desaparecido y también todos los pensamientos relacionados con él. El amor es el único estado actual."

En una traducción del antiguo texto hindú, el Bhagavad-Gita, Krishna *(el divino)* le explica al Maestro Arquero Arjuna *(el brillante)* la importancia trascendental del espíritu: "Los sentidos son superiores a la materia inerte, la mente es más elevada que los sentidos; la inteligencia es aún más elevada que la mente; y ella (el alma) es aún más elevada que la inteligencia."

El amor no es racional y trasciende la inteligencia. Está en nuestra naturaleza, en tu naturaleza. La mayor desviación de nuestro estado natural de amor a nuestras elecciones de vida basadas en nuestra percepción proviene de nuestra falta de voluntad a estar presentes, a conectarnos con la fuente trascendental de unidad en que este Universo fluye.

~*~

Si pudiéramos, sólo por un momento, disminuir la resistencia causada por nuestras creencias y suposiciones, descubriríamos la majestuosa llama de amor de nuestros corazones, de nuestros espíritus. Una llama que sólo puede crecer a través de brindar, ayudar, inspirar, atender, abrazar, tocar, cuidar, relacionarnos y unirnos a otros.

Sólo el amor rompe la ilusión de separación, cuando hacemos pequeñas cosas, como sonreír a cada persona que veamos, ayudar con algún tipo de servicio, asistir a alguien que lo necesita, escuchar abiertamente; en otras palabras, cuando ponemos nuestra capacidad de conciencia al servicio de crear lazos con otros en el presente, experimentamos el éxtasis propio de cuando no hay resistencia ni temor a lo que, en esencia, somos: poderosos seres de amor.

Aplicar el poder del amor no puede ser nunca contraproducente. El amor despierta nuestra capacidad física de sanar. El amor nos brinda el verdadero significado de la unidad, a través de la cual compartimos el mismo planeta, el mismo Universo, más allá de la infinita fuente de creación que es Dios.

El Amor *es* nuestra vía directa de comunión con Dios.

Imagina que tu espíritu es una llama de fuego. Esta llama crece cada vez que el amor se activa en los centros energéticos de tu cuerpo, los chakras. Sientes la calidez de este amor abrazándote, separándote de las limitaciones de tiempo y espacio. Estás dando amor. Deseas continuar sintiéndote así y descubres que al hacer esto puedes transferir luz desde tu llama hacia las de otras personas e iluminar sus corazones con tu valioso amor.

~*~

Tu llama crece cuando experimentas que una cadena de comunión comienza a desprenderse de ella. Aquellos a quienes inspiras continúan su viaje, compartiendo sus llamas con otros.

~*~

Un acto de amor crece, nunca muere. A través de este sentimiento de inter-conexión con la divina fuente, podemos comenzar una reacción en cadena de amor. Aquellos con quienes compartes tu llama de amor pueden compartir sus llamas con las de otros, que crecen en intensidad y comparten su amor con quienes son atraídos a la misma experiencia. Sirviendo a otros, el amor sólo puede crecer, nunca decrecer.

Aún así piensas que la energía de tu alma tiene límites. Si crees que amar y ayudar a otros puede hacerte sentir débil y exhausto, entonces tu llama es débil por tu rechazo a transformar tus ilusiones. En ese caso, enfócate en poner en acción el poder de tu intención para poder ver nuevas oportunidades de activar tu alma y compartir su luz. Eres capaz de expresar amor en cualquier momento, porque eso es quien eres cuando dejas ir las ilusiones de tiempo y espacio y te rindes al flujo del amor puro.

¿Puedes recordar algún momento en que hayas experimentado amor verdadero y el tiempo pareciera detenerse? ¿Momentos en que tu cuerpo pareciera fundirse con el de otra persona? Por supuesto que lo recuerdas, porque has entrenado tu mente para creer que es sólo a través del sexo que puedes lograr tan profundo estado de amor. Pero, ¿es ésa tu verdad? ¿No existen otras maneras de amar que no estén relacionadas al placer físico?

El amor es una fuerza sanadora, un milagro para la mente egocéntrica que alguna vez creó un mundo en donde el amor estaba limitado a los besos y la intimidad sexual. El amor verdadero es eso y mucho más. Atrévete a experimentar el amor brindándolo en pequeños gestos. Sé amable. Sé honesto. Sé pacífico. Sé de ayuda a las personas en cada ocasión en que el flujo de este sorprendente *Universo* te lo permita, porque es así como recibirás bendiciones en tu corazón. El tiempo es una ilusión, al igual que toda limitación.

~*~

Tu realidad depende del modo en que eliges vivir tu presente.

Ten la intención de amar, rindiéndote a la sabiduría de tu espíritu, que sólo desea la felicidad para ti y para todos aquellos con quienes compartes tu existir.

~*~

Todo supuesto problema de nuestras vidas es otra

oportunidad para sembrar, en ti y en otros, las semillas de la bondad, la honestidad, la compasión, la veracidad, la integridad, el poder co-creativo y el entusiasmo.

Es una cuestión de elección. Siempre eres libre de cambiar tu modo de pensar y, por lo tanto, lo que piensas dará paso a que otro sentimiento se manifieste. Si estás pasando un "mal" día puedes comenzar por entender que absolutamente todo lo que te sucede es un reflejo de tu poder co-creativo, de tu habilidad para atraer oportunidades a tu vida. Cuando declaras que tienes un "mal" día estás proyectando pensamientos y sentimientos negativos en el presente. Siempre puedes elegir el modo en que diriges tus pensamientos. Cambia tu modo de pensar y tu modo de sentir cambiará. Ahora, no existe tal cosa como los "problemas", sólo situaciones, oportunidades para que expreses tu sabiduría divina.

~*~

Piensa en la luz como la manifestación de tus moléculas bailando enamoradas, piensa en el amor como comida para tu espíritu. Hay mucha belleza para disfrutar. Entra en contacto con el apetito de tu alma y cocina para él. Utiliza la pasión como si fuera una llama, para dar calidez a tu vida.

~*~

Redescubre tu capacidad de desear con todo tu corazón. Haz el amor con tus sueños y dales vida en cada uno de los pasos que des sobre esta Tierra.

Sólo podrás sentirte mejor llevando tu nivel de conciencia a una frecuencia más elevada. Sigue tu propia guía para sentirte mejor, siempre haciendo lo que en verdad amas. Sólo tienes la capacidad de ver aquello con lo que estás en armonía. Si piensas en la depresión, las frecuencias de las emociones relacionadas con ese pensamiento se harán presentes a tu alrededor. Si te enfocas en la gratitud, ésa es la emoción que se hará presente. Esos sentimientos relacionados con la gratitud incrementarán tu campo vibratorio y te encontrarás en un estado de apreciación, que las frecuencias bajas de la depresión no pueden corromper.

Piensa en lo siguiente: absolutamente todos los eventos de tu vida y todas las personas que has conocido estuvieron allí porque tú los atrajiste a tu campo de posibilidades. Es tu exclusiva responsabilidad que hagas con ellos lo que te plazca, pero no olvides que existe un significado más elevado, que puede ser descubierto instantáneamente o décadas después. Todas las circunstancias de tu vida te brindan sabiduría y bendiciones, pero es por tu modo de percibirlas, la razón por la que sientes inseguridad. El significado de tu vida se esconde en tu potencial para amar.

~*~ *El amor es la respuesta a todos tus pedidos.* ~*~

Ejercicio Espiritual 9

Ejecuta actos de amor al azar.
Puedes apuntar alto pero comenzar por pequeños gestos de amor que hablan por si mismos. Puedes comenzar siendo amoroso con aquellos más cercanos a ti.

Hoy, saluda a todos con una sonrisa.

Sé indiscriminadamente amable: a un empleado que no se ve feliz en su empleo, hazle reír, dile algo bonito para recordarle que es bello, entrega un regalo a alguien hoy, compra comida saludable para alguien que la necesite, en lugar de decirle que debería comer más sano, elige enfocarte en lo que te gusta de tu familia y amigos en lugar de lo que te disgusta, y aliéntalos a seguir así. Regala las sobras de tu comida a las palomas o ardillas en lugar de desecharlas, mientras te imaginas siendo una de ellas. ¿Cuán feliz estarías si alguien te regalara comida fresca cuando estás hambriento? No esperes a que sea una ocasión especial para llamar a aquellos que amas. Comparte sonrisas y conviértete en un participante solidario en la aventura de alguien.

En estado de meditación, abre tu corazón y visualiza la llama de tu espíritu. Hay muchas técnicas de meditación que te ayudarán a conectarte con el Universo. Una de mis favoritas es enfocarme sólo en tener sentimientos de gratitud y unidad. Sintiendo la conexión con todo lo que me rodea, siempre con gratitud.

Respira luz. Es decir, conéctate con la belleza de la naturaleza mientras ésta se conecta con tu respiración. Estás esencialmente conectado con las flores, las plantas, las mascotas, con otras personas, con el cielo, las nubes y la estrellas. Sólo tienes que cerrar tus ojos y sentir cómo la ilusión de separación se desvanece.

Ejercita esto tanto como te sea posible durante el día, sin forzarte a hacerlo. Si vas a meditar, libérate de la rutina y asegúrate que no habrá interferencias tales como llamados telefónicos. Te sentirás mejor si te permites disfrutar de algunos minutos diarios de meditación sin ningún tipo de resistencia de parte de tus pensamientos.

Epílogo

Así concluye el noveno poder para transformar tu vida. En este viaje para despertar estos poderes en ti, descubrirás las magníficas oportunidades que ofrece esta ola de sincronicidad. Cuanto más ejercites estos nueve poderes, más descubrirás acerca de las milagrosas repercusiones que tendrán en tu vida y más a menudo encontrarás las circunstancias que deseas. Confía en la sabiduría de tu espíritu. Tu intuición se basa en la sagrada guía que siempre responde a tu llamado.

Eres capaz de ser tan feliz como desees. Puedes comenzar donde estés en este instante, porque ahora es el momento perfecto para hacerlo. Trasciende todo tipo de excusas, pues éstas provienen de tus miedos. Tienes en ti la capacidad de cambiar aquellos hábitos que no contribuyan con tu bienestar.

Me gustaría resumir *Los Nueve Poderes* en una sola ola en donde cada poder se funda con los demás. No hay una secuencia en particular en que debas ejercitarlos, sin embargo parece haber un orden natural en que se suceden. En tu viaje encontrarás qué Poderes ya estás ejercitando y a cuáles necesitas poner más atención.

Te garantizo que los *Nueve Poderes* transformarán tu vida y te brindarán paz, alegría, fe, esperanza y abundancia. Descubrirás la fuente sagrada de la cual provienes, la única, a la cual todos nosotros estamos conectados. Disfrutarás de cada oportunidad que se manifieste, de cada momento de tu vida, como reflejos de tu relación con esta fuente divina y podrás expresar tus magníficas contribuciones al bienestar de la humanidad.

Los Nueve Poderes para Transformar tu Vida:

 El Poder de la Decisión

 El Poder del Perdón

 El Poder de la Intención

 El Poder del Propósito

 El Poder de la Gratitud

 El Poder de la Voluntad

 El Poder de la Pasión

 El Poder de la Belleza

 El Poder del Amor

Epílogo

Cada una de tus experiencias es una respuesta a tus elecciones. Elige sabiamente, respetando quien en verdad eres. Despierta el *Poder de la Decisión*.

Elige sabiamente y siéntete mejor, al invitar nuevas oportunidades de llevar tu conciencia a un estado de claridad, al conocer los deseos de tu corazón y al confiar en ellos a cada paso de tu camino. Recuerda que los miedos provienen del concepto de carencia, otro de los pensamientos que te debilitan. Cambia las pequeñas cosas que constituyen el combustible de cada viejo hábito por nuevos hábitos que estén en armonía con aquello que deseas.

La mayoría de los problemas de salud son originados por el resentimiento y la resistencia al cambio. La buena noticia es que tienes el *Poder del Perdón* y este poder es más poderoso que cualquier circunstancia que te haya dañado. Cuanto más pronto perdones, más pronto te convertirás en una persona más saludable y más feliz en todo sentido. Permite a la sagrada guía conducirte a un lugar donde puedas curar tus heridas. Siempre estás en el lugar correcto, lo desees o no, para descubrir revelaciones. Tu capacidad de actuar desde el amor y el perdón es lo que bendecirá tu experiencia y sanará definitivamente tu vida.

La culpa sólo atrae la resistencia a tu vida y expande más dolor en tus cuerpos físico y emocional. Una vez que actúas desde el Poder del Perdón, una sensación de alegría y paz bendice tu cuerpo, dando paso a su excepcional capacidad de curar cualquier herida emocional. Siempre puedes optar por la paz en lugar del resentimiento. Es tu elección. Libérate de las experiencias del pasado, que contienen cargas de emociones negativas. Vive aquí y ahora, para poder liberar el dolor emocional por experiencias pasadas y manifestar la transmutación de miedo a amor, de dolor a sanación. Perdonándote a ti mismo y a otros, liberarás tu resistencia al amor, y al hacer esto, transformarás tu mente.

Eleva tu estado emocional para sentirte mejor, sin culpar, sino perdonando y manifestando, desde ahora en adelante, sólo las experiencias que desees vivir. Sólo puedes vivir en el ahora; entonces: ¿por qué pretender vivir en el pasado? Responsabilízate del modo en que te sientes, porque nadie más es responsable de "hacerte" sentir de ese modo. Sólo tú puedes, por el modo en que eliges pensar. La buena noticia es que no hay absolutamente nada que no puedas transformar en tu mente. Ríndete al amor. Toda resistencia sólo puede traer ilusión y miedo. El ego busca responsables por cualquier dolor en tu cuerpo y siempre quiere tener la razón. En cambio, tu espíritu desea ser amable, compasivo y misericordioso

Somos aquello que creemos ser, nos convertimos en aquello que pensamos. Expresa tus intenciones con claridad, viviendo de acuerdo a tus objetivos. Utiliza el *Poder de tu Intención* para elegir pensamientos que estén en armonía con la clase de vida que deseas vivir. Ten la intención de atraer lo que desees, ya sean relaciones prósperas o buena comunicación con tu familia, amigos y todos aquellos con quienes compartes momentos y comienza a trabajar en ello desde tu corazón. Tu enfoque depende de tu intención y ésta te guía para que sepas cuán alineado estás con tus deseos.

La verdadera felicidad bendice cada célula de tu cuerpo cuando estás inspirado a vivir con una sensación de misión y de propósito con otros, con la intención de lograr algo extraordinario, en cooperación con los demás. Tus talentos son las herramientas para construir tus deseos, para asistir al propósito de tu alma, en su fusión con los propósitos de otras personas.

Cuando manifiestas los talentos que Dios te dio, no hay lugar para la infelicidad. No existe lo que llamamos "soledad" cuando actúas desde el *Poder del Propósito*. Hay una canción universal de la que eres parte y eres también el compositor de uno de sus versos, tu misión. Tu verso no es pequeño, es tan grande e importante como el resto de los versos. Recuerda siempre alinear tu propósito con tus talentos, porque funcionan mejor juntos.

Elige invertir tu energía en expresar tus talentos más a menudo. Compártelos con el mundo. Tus maravillosos dones pueden ayudar a otros a elevar sus vibraciones de bienestar. Tus talentos son melodías, que combinadas con las de otras personas componen una sinfonía. Esfuérzate en encontrar una armonía entre tus talentos y los de aquellos que te rodean.

Esa armonía nace de la expresión de tu propósito en

comunión con el resto de la orquesta, cuando añades tus melodías a la canción universal. Si tus talentos concuerdan con tu propósito, el Universo se abre para ti, para que atraigas a tu vida las oportunidades de expresar tu música. En este proceso de expansión de la conciencia todos somos uno. Actúa de acuerdo a tu propósito. Tú ya sabes que existe un propósito por el cual en este momento estás aquí.

Cuanto más te enfoques en tu propósito, mejor te sentirás y más fácil te será despertar el *Poder de la Gratitud* en ti. Expresar tu conexión con los propósitos de los demás contribuye a incrementar su entusiasmo por sentirse mejor. Si puedes enfocarte en lo que te gusta, en lugar de en lo que te disgusta, tu poder de gratitud hará el resto y bendecirá ese momento con alegría.

Los sentimientos de gratitud elevan tu nivel de vibraciones de bienestar. Cada vez que te conectes a tus sentidos, tu mente, tu cuerpo y espíritu y sonrías apreciando su importancia, tu sistema inmunológico produce la energía necesaria para mantenerte fuerte, saludable y activo. Comienza cada día diciendo: "¡Gracias Dios! ¡Este es un gran día! ¡Gracias por esta nueva oportunidad de amar!" Sabes que será un buen día, porque así lo has elegido.

Sintiéndote agradecido por cada pequeña contribución que recibes para tu desarrollo, estás sintonizando con la película que diriges. Tu felicidad nace de esa clase de gratitud. Siente la calidez y el amor de todo lo que te rodea.

Epílogo

Cuando aprecias algo, tu energía espiritual se expande junto con lo apreciado. Extiende tu gratitud hacia el hecho de que puedes respirar, mirar al cielo, dejar que el sol te acaricie, tener otro día para soñar, planear y avanzar en tu camino, siempre con gratitud.

La gratitud trasciende el estado mental de desaprobación, mediante la valoración de cada circunstancia, incluso si en ese momento no podemos encontrar el mensaje que los hechos proveen. Al enfocarte sólo en lo que aprecias de los demás, encontrarás un modo de atraer la paz necesaria para evitar todas las batallas del ego y la manipulación.

La gratitud no sólo te hace tomar conciencia de las contribuciones de los demás sino que también te inspira a hacer cumplidos sinceros, para elevar las vibraciones de bienestar de la persona que los recibe. Lo único que puede alterar tu estado de gratitud es el miedo, que puede fortalecer las dudas y alterar tu percepción de las dimensiones de tu entorno.

Cuanto más miedo y dudas tengas, más serán las oportunidades de superarlos, de despertar tu *Poder de Voluntad*. Recuerda que tu espíritu necesita nutrirse con la energía del entorno para poder mantener la calma y el equilibrio emocional. Si trabajas en descubrir tus propios mecanismos de negación, encontrarás un modo de enfrentar tus miedos, para vivir en paz con todo lo que te rodea. Mientras sepas lo que en verdad deseas, sabrás lo que tu corazón necesita. Serás capaz de eliminar la idea de fracaso y la idea de la duda, porque sabrás confiar en que todo ocurre de acuerdo a las oportunidades que tu mismo atraes para desarrollar el poder de tu voluntad. Todos los miedos son productivos porque te dan la chance de activar tu confianza en ti mismo y desarrollar tu voluntad.

Cada uno de tus miedos está allí para enseñarte algo. Tienes el poder de hacer cualquier cosa que te propongas, lo único que te detiene es tu propia resistencia al cambio. La superación de tus miedos sólo es posible asumiendo la responsabilidad, porque eres tú quien les da el poder sobre tus acciones. Lo que sea que deseas hacer, hazlo hoy. Responde al llamado cuando la oportunidad se presente y permite a esa experiencia ingresar en tu campo de atracción. Confía en el poder de tu voluntad para alcanzar tus metas. Y recuerda siempre que, tanto lo que piensas como lo que temes, se manifiesta.

El único modo de encontrar los mensajes ocultos en nuestros miedos es enfrentándolos. Conversa con tus miedos, observa el mundo imaginario que estás creando detrás de ellos, con cada una de tus percepciones. Intenta contemplar todo como si estuvieses fuera de tu cuerpo y utiliza el poder de tu voluntad para prepararte a conquistar tu sensación de impotencia. Haz lo que sea que funcione para ti, pero enfréntalos y trasciéndelos uno a uno. Sé conciente de tus propias barreras mentales y límites imaginarios. Una vez que descubras tu propio rechazo a alcanzar tus metas tendrás la oportunidad de tomar una decisión diferente, actuar con entusiasmo y cambiar tu modo de hacer las cosas utilizando el *Poder de tu Voluntad*.

Utiliza el *Poder de la Pasión* para aprovechar el día sin postergar. No puedes atraer amor haciendo cosas que no amas hacer. Decide qué es lo que deseas atraer a tu vida y comienza a vivirlo con pasión. Comienza a hacerlo con todo tu corazón y tu cuerpo. El entusiasmo es la clave para manifestar tus verdaderos deseos. Si te enfocas en vivir apasionadamente aprenderás a disfrutar de todo lo que te rodea. Visualiza la vida que deseas vivir, utilizando los poderes anteriormente descritos y visualízala sucediendo en el presente. Utiliza tus sentidos para manifestar el sentimiento de experimentar tus deseos como si estuviera sucediendo en la realidad actual. Aférrate a esta imagen como si ya lo hubieras logrado.

El Poder de la Pasión incrementa tu creatividad y te ayuda a expandir tu talento atrayendo la sincronicidad a tu aventura cotidiana. Nada puede desviarte de tu camino interior, a menos que tú lo permitas. Eres responsable de cualquier desviación. Recuerda que los accidentes sin sentido no existen. Cada accidente nos conduce a un descubrimiento relacionado con el cambio. Eres el director de tu propia película, tu aventura, y sólo tú puedes decidir con quién compartirla. Contagia tu pasión por lo que haces a otras personas, comparte tu sonrisa y mantente enfocado en las experiencias que te conduzcan a crear algo nuevo.

La mágica pasión de utilizar tus talentos te conducirá a inspirar a otros y, cuando menos lo esperes, aquellos con quienes interactúas estarán vibrando en frecuencias similares de cooperación espiritual contigo. Verás que muchas personas se sienten felices de haber atraído la exitosa experiencia de compartir sus talentos contigo. Descubrirás que el trabajo en equipo genera estados de conciencia más elevados.

Si cambias tu modo de pensar en tu propio cuerpo, tu imagen física cambiará ante tus ojos. Es así de simple. Sin embargo, requiere de un tipo de atención que implica un sentimiento de "Soy bello" como ingrediente secreto. Sé consciente del ser hermoso y amoroso que eres, y compártelo con pasión. Revela tu verdadera belleza despertando en ti el *Poder de la Belleza*.

El desapego de la opinión ajena es una práctica diaria, hermosa y necesaria, para abrirte camino hacia tu valioso ser interior. La confianza en ti mismo es un gran paso en el desarrollo de un estilo de vida saludable. No necesitas que nadie te diga cuan bello eres, porque tú ya lo sabes y porque si continúas pidiendo la aprobación de otros, tu felicidad dependerá de sus opiniones. Si comienzas a amarte a ti mismo, tu belleza irradiará su verdadero poder.

Todos los días tenemos la oportunidad de transformar, como un alquimista, cualquier material en oro, cualquier sentimiento o situación en belleza. Si actúas desde la belleza, verás que la belleza se refleja en ti.

Hay toda una tierra de belleza para descubrir dentro de nosotros. Ten la intención de explorar la belleza de aquellos que te rodean, e inspíralos a expresarla.

Hay amor dentro de ti y conectarte con él transformará todo tu campo vibratorio. Comenzarás a sentirte a salvo y ésta sensación de seguridad transformará tu energía para ayudarte a ser más esperanzado y receptivo. Existe tanta belleza dentro tuyo y a tu alrededor, que si tan sólo observaras y te conectaras, recibirías la energía necesaria para respirar profundo y retornar al amor, tu estado natural de bienestar.

Sintiendo la belleza y apreciando su verdadero poder, podemos recordar la importancia de amarnos a nosotros mismos como paso previo y necesario para amar a otros. Podemos despertar el *Poder del Amor* a través de pequeños actos de amor. Comienza siendo amoroso con tus allegados. Saluda a todos con una sonrisa y disfruta siendo amable: con un empleado que parece afligido por las circunstancias de su presente, hazle sonreír, dile algo bonito para recordarle su belleza, obsequia algo a alguien, elige enfocarte en despertar la belleza y el amor en tu familia y amigos, en lugar de concentrarte en lo que te disgusta de ellos. Y aliéntalos a perdonar. Regala las sobras de tu comida a las palomas o a las ardillas en lugar de desecharlas, mientras te imaginas que eres una de ellas, entendiendo así el poder del amor en que, incluso una paloma, necesita ser tratada con amor. Relaciónate con toda forma de vida imaginándote cómo sería vivir en sus cuerpos y apreciando su existencia.

Somos colaboradores en la aventura de alguna otra persona. Funde tu amor con todos aquellos a quienes encuentras en tu camino. El amor sólo puede experimentarse con el acto de amar. Nuestra esencia yace en la eternidad y se funde en la unidad. La separación sólo proviene de ideas, limitaciones, miedo; de todo aquello que carece de la expresión del *Poder del Amor*.

El amor trasciende la inteligencia, no necesitas ser un erudito para actuar de acuerdo a tu más profundo poder. El amor fomenta nuestra capacidad física de sanación. El amor nos concientiza acerca del verdadero significado de la unidad, en la cual todos estamos cambiando nuestra conciencia, descubriendo la divina fuente de creación que es Dios. El amor es nuestro canal de comunión con la divina fuente que existe en cada uno de nosotros, con Dios.

Sirviendo a otros, el amor sólo puede expandirse y crecer, nunca decrecer. Tu realidad está conformada de acuerdo al modo en que tienes la intención de vivir tu momento presente. Ten la intención de amar, rindiéndote a la sabiduría de tu espíritu, que sólo desea la felicidad para ti y para todos aquellos con quienes compartes tu experiencia.

Cada supuesto "problema" en nuestras vidas es sólo otra oportunidad para expresar tu amor a través de la amabilidad, la honestidad, la compasión, la integridad, el poder co-creativo y el entusiasmo.

Es una cuestión de elección. Cambiando tu modo de pensar permitirás que otro modo de sentir se haga presente. Todo lo que sucede durante tu día es un reflejo de tu poder co-creativo, de tu capacidad de atraer oportunidades a tu vida. No existe tal cosa como los "problemas", sólo situaciones, resultados y oportunidades para que expreses tu maravillosa sabiduría. Redescubre tu capacidad de desear con tu corazón. Haz el amor con tus sueños y dales vida con cada paso que des sobre esta tierra.

Siempre puedes elevar tu nivel de conciencia a una frecuencia superior para sentirte mejor si haces las cosas que en verdad amas. Sólo serás capaz de ver aquello con lo que estás en armonía. Si piensas en algo que disminuye tus vibraciones de bienestar, las frecuencias indeseadas de las emociones asociadas con ese estado de ánimo se reflejarán en ti. Si te enfocas en algo que te inspire gratitud, la gracia te bendecirá, estos sentimientos de gratitud elevarán tu campo vibratorio y te encontrarás en un estado de agradecimiento, en que *El Poder del Amor* puede crecer más fuerte.

Todos los eventos de tu vida te traen sabiduría y bendiciones. Es de tu modo de percibirlos de donde nacen las razones para sentirte inseguro. En tu potencial para amar encontrarás el significado de cada situación, en tu viaje de auto-realización. El amor está en tu naturaleza, como en la naturaleza de todo lo creado. Si pudiéramos, sólo por un momento, disminuir la resistencia causada por nuestras percepciones egocéntricas de la realidad, descubriríamos el *Poder del Amor* en el corazón de las personas, en sus espíritus sagrados, como una llama que sólo puede expandirse ayudando, inspirando, asistiendo, abrazando, acariciando, cuidando, conectando y uniéndonos unos a otros.

Si haces esto descubrirás la sagrada fuente de la que tú, yo y todo proviene, la única fuerza que nos conecta a todos. Disfrutarás de cada oportunidad que se presente como resultado de la utilización de estos *nueve poderes*, cómo el reflejo de tu relación con la fuente divina y expresarás tus fabulosas contribuciones hacia el bienestar de la humanidad. Cuanto más utilices tus poderes, más barreras eliminarás de tu camino y más limitaciones de tus percepciones, liberando así tu resistencia y permitiendo un cambio de conciencia.

Hay tanta belleza en ti... Sigue tus poderes. Disfruta de este viaje y, más importante aún, siéntete maravilloso haciéndolo.

~*~

Gracias Guía. Gracias Universo. Gracias Dios... y Gracias a Ti.

Con Amor y Bendiciones,
~*~Nicolás Nóbile~*~

Para obtener más información a cerca del autor visite

www.alquimia9.com

Referencias Bibliográficas

Libro "Un Curso de Milagros" - publicado por Foundation for Inner Peace- Copyright 2007

San Francisco de Asís fue un santo italiano, fundador de la Orden Franciscana. Para más información:
http://www.shrinesf.org/help.htm

"Los Cuatro Acuerdos" de Don Miguel Ángel Ruiz, publicado por Amber-allen Publishing, Inc.

"Walden" de Henry David Thoreau (1864)

Puedes encontrar más información acerca del *Qi Creativo* en www.alquimia9.com

www.ingramcontent.com/pod-product-compliance
Lightning Source LLC
Chambersburg PA
CBHW020805160426
43192CB00006B/448